BrainCluster

Peer-Holger Stein
Konzept & Analyse

ZITATE

„Wenn man den Blickwinkel verändert, verändert man die ganze Welt. Damit verblüfft Stein immer wieder aufs Neue!"

„Gene, Meme und – Käse, Jeans und Zigaretten: Ich mußte mich erstmal informieren, was Meme überhaupt sind. Und Stein baut es schon in ein Marketing-Modell ein ......!!?!"

„Ein erfrischendes, schnelles Buch .... total überzeugend: Erstaunlich, wie die Marketingwelt aussieht, wenn man sie auf den Kopf stellt! Wirklich eines der wenigen Marketingbücher, die man gelesen haben muß!"

„Was hat BrainCluster bloß mit mir angestellt: Auf einmal sieht man die Welt mit anderen Augen. Nach dem Motto: Wenn man als einziges Werkzeug einen Hammer hat, fängt alles an, wie ein Nagel auszusehen: Einfach faszinierend!"

Ein Überzeugungstäter am Werk! Nach „Warum ein Kloreiniger ein Genußmittel ist" und „MarkenMonopole" nun „BrainCluster". Stein ist immer für eine Überraschung gut: Brillant Unerwartetes gedacht, Undenkbares verknüpft!

„Wahrscheinlich wird BrainCluster einen Wendepunkt im Marketing bedeuten: Marketing im Sinne von Verhaltensforschung, statt konventionelle Klempnerarbeiten!"

„Aber das verblüffendste ist, wenn man das Modell in der Praxis ausprobiert! Da wäre ich alleine nie drauf gekommen: Rückwirkend sieht alles so einfach aus!"

„Produktmanager, Medienleute, Handel hört – der wirklich erste ganzheitliche Ansatz von integriertem Marketing, den ich kenne!"

„Wenn ich Unilever, Nestlé oder Philip Morris wäre, würde ich Stein aufkaufen, in einen Think Tank stecken und all seine schlauen Gedanken exklusiv für mich ausnutzen!"

BrainCluster

Der erste ganzheitliche, integrierte Marketing- und Forschungs-Ansatz

Der Einfluß von übergeordneten psychologischen Bedürfnissen auf die Verwendungs-Präferenzen von Warengruppen, Dienstleistungen sowie Marken, Medien und Einkaufsstätten

Peer-Holger Stein

Konzept & Analyse

Peer-Holger Stein arbeitet seit knapp dreißig Jahren für Medien, Werbeagenturen, Marketing und Forschung. 1984 machte er sich mit der Firma Konzept & Analyse selbständig, entwickelte ein Markt-Wirkungs-Modell und die MarkenMonopol-Forschung: Eine pragmatische Methode zur systematischen Marken-Entwicklung, um im Markt eine Kategorie oder zumindest einen Teilmarkt dominant zu besetzen. Außer etlichen anderen Veröffentlichungen, schrieb er bisher drei Bücher: „Warum ein Klo-Reiniger ein Genußmittel ist – Marken-Darwinismus als Schlüssel zur Effektivitätssteigerung“ (1994, vergriffen), „MarkenMonopole“- Wie man seinen Markt dominiert“ (1997, vierte Auflage) sowie „Mach´s gleich richtig! – Von Anfang an: Total Quality Marketing.“ (1998, dritte Auflage).

Konzept & Analyse, 90482 Nürnberg, Kinkelstr. 12, Phon (49)+911-995 420, Fax (49)+911-9954299, e-mail peer.stein@konzept-analyse.de

Verlag: W. Tümmels Buchdruckerei und Verlag GmbH, Nürnberg

ISBN 3-921590-72-8

INHALTSVERZEICHNIS

WARUM WIR BRAINCLUSTER BRAUCHEN!?

Das Problem: Marketing wird immer komplexer. Zu komplex!

Marketing ist in Problemen: Eine Inflation von Marken und Produktvarianten. Das Nadelöhr Handel. Tausende von Kampagnen. Eine unüberschaubare Anzahl von Zeitschriftentiteln, Fernseh- und Radiosendern. Ein Verbraucher, der von täglich mehr als fünfzehn Stunden TV-Werbung gerade mal siebzehn Minuten sieht .....

Marketing wird immer komplexer: zu komplex!

Was uns im Marketing fehlt, ist eine einfache Grundstruktur. Nach der sich die vielen komplexen Details sinnvoll und nachvollziehbar ordnen lassen. Die muß es geben, denn auch der „schlichte" Verbraucher muß sich ja in dieser Welt irgendwie zurechtfinden. Die Frage ist: „Wie findet sich der Verbraucher zurecht? Was genau steuert ihn?"

BrainCluster hat diese Frage geklärt: Kann nachvollziehbar machen, was die Bedürfnisse bestimmt, Verbraucherverhalten steuert. Übergeordnet. Kategorie-übergreifend. Die Basis für den ersten „integrierten Marketingansatz".

Wie kann man Marketing durch Forschung helfen, dieses Problem zu überwinden? Die Lösung wird deutlich, wenn wir uns kurz die Historie des Marketing und der Forschung vor Augen führen. Erkennbar sind drei Generationen des Marketing:

1. Die erste Marketing-Generation: Bessere Produkte.

Die erste Generation von Marken entstand aus dem Ansatz, bessere Produkte in gleichmäßiger Qualität anzubieten. Allgemein bekannt unter dem Stichwort: „Die bessere Mausefalle!" Ein toller Ansatz: Aber es wird immer schwerer, für den Endverbraucher so nachvollziehbar bessere Angebote zu entwickeln. Produkte, bei denen der Konsument durch einfaches

Ausprobieren seinen Vorteil zum Beispiel einer erheblich trockneren Windel erkennt.

Das Grundkonzept von Procter & Gamble, das beste Produkt in einer Kategorie anzubieten, wird immer schneller durch Wettbewerber kopiert. Außerdem wird mit diesem Ansatz in der Regel nur die größte Teilgruppe einer Produktkategorie angesprochen, weil man die restlichen Teilmärkte nicht eindeutig genug erkennt und bedienen kann oder will.

Dieser Ansatz ist gut und richtig, denn er funktioniert wie die Evolution über Versuch und Irrtum: Überleben des Tauglicheren. Aber er hat einen gravierenden Nachteil: Er setzt enorme Ressourcen und einen langen Atem voraus. Aber kaum ein Management gewährt Marketing und Forschung noch mehrere Versuche bis zum Erfolg.

2. Die zweite Marketing-Generation: Bessere Angebote für Teilmärkte.

Dieser Ansatz geht davon aus, daß sich jede Gesamtkategorie in verschiedene Teilmärkte mit unterschiedlichen Bedürfnis-Strukturen gruppieren läßt. Um für jeden der Teilmärkte die Angebote und die Kommunikation entsprechend auf die faktischen und emotionalen Anforderungen ausrichten zu können, muß man allerdings die Bedürfnisse der Verbraucher verstehen.

Diesen Ansatz verfolgt zum Beispiel das K&A Markt-Wirkungs-Modell: Bessere Angebote für unterschiedliche Verbrauchergruppen in der gleichen Produkt-Kategorie (Axe-Deo vs. Nivea-Deo) entsprechend der unterschiedlichen Bedürfnis-Strukturen zu entwickeln: Wahrscheinlich die zur Zeit beste Voraussetzung für den Marketingerfolg.

Konzept & Analyse hat durch die Forschungs-Bausteine wie das K&A Psychodrama und die GAP-Positionierungs-Analyse eine ganze Reihe von MarkenMonopolen wie z.B. Wrigley Extra erfolgreich im Markt positioniert.

Die Besonderheit dieses Teilmarktansatzes liegt darin, daß das Angebot faktisch und emotional auf einen Teilmarkt ausgerichtet wird: und eine konzeptionelle Funktion besser erfüllt als alle anderen Alternativen im Markt. Das Markenversprechen von AXE, nämlich die Steigerung der

Attraktivität bei Frauen, wird nur wirksam, wenn man das Produkt konkret anwendet. Sonst nicht.

3. Die dritte Marketing-Generation: Verwender-Images als projektive Identifikationsfläche.

Aber es wird immer schwieriger, klare, eindimensionale Konzepte im Markt zu plazieren, denn der Gebrauchswert der Angebote wird zunehmend selbstverständlicher: Immer mehr Produkte erfüllen mehrere Konzeptdimensionen gleichzeitig oder bieten unter einer Marke unterschiedliche konzeptionelle Schwerpunkte als Line extensions an.

Zum Beispiel bei Autos erfüllen heute fast alle Marken gleichermaßen hohe Sicherheits-Standards, sind verzinkt gegen Durchrosten, bieten Mobilitäts-Garantien, luxuriöse Ausstattungen, haben vergleichbar gute Designs. – Viele Produkte wie Shampoos, Bier, Käse, Uhren, Parfüms, Versicherungen, Banken, Fernsehzeitschriften sind auf der Produkt- und Nutzenebene kaum noch zu differenzieren.

Gleichzeitig benutzt der Verbraucher Marken immer stärker zur Selbstdarstellung, zum Ausdruck seiner Persönlichkeit: Er definiert sich durch die Verwendung von bestimmten Produkten wie Füllhaltern und Marken, grenzt sich von der Restmasse ab. Das Angebot muß selbstverständlich den Kategorienutzen erfüllen, aber die Auswahl geschieht primär unter dem Aspekt der Selbstdarstellung und als Ausdruck des Charakters des Verwenders.

Das Verwender-Image des Benutzers und der Marke zeigen die gleichen Charakter-Eigenschaften: Das Verwenderimage und das Markenimage werden deckungsgleich: Wird zum Ausdruck der Persönlichkeit. Deshalb können wir durch BrainCluster heute selbst designorientierte Sortimente wie Schmuck, Brillen, Kaffee-Service, etc. nach ästhetischen Normen sinnvoll gruppieren, ohne daß dem Verwender selbst bewußt ist, warum er diese bevorzugt.

Will man unter diesen Umständen Angebote richtig positionieren, so muß man die Bewertungskriterien kennen, nach denen die Konsumenten ihre Präferenzen treffen: Man muß das den Verbraucher selbst nicht bewußte Lebens-Modell verstehen, nach dem er seine Entscheidungen und sein Verhalten ausrichtet. Und genau das leistet BrainCluster.

Versteht man die Grundstrukturen seines Lebens-Modells, so ordnet sich seine Bedürfnisstruktur und das Verhalten in vielen völlig unterschiedlichen Bereichen wie zum Beispiel der Präferenz oder Ablehnung von Warengruppen und Marken, Medienpräferenzen und Einkaufsstätten auf einmal nachvollziehbar; ja sogar weitgehend vorhersagbar.

Wohlgemerkt, BrainCluster kann und will die beiden ersten Generationen nicht ersetzen. Die Produktebene und die Gruppierung in Teilmärkte wird weiterhin wichtig bleiben. BrainCluster ist „nur" die übergeordnete Struktur, welche wiederum die Bedürfnisse und damit das Verwendungs-Verhalten und die Marken-Präferenzen steuert.

Und für erfolgreiches Marketing lohnt es sich immer, die Gründe für Verhalten nachvollziehen zu können.

Die daraus entstehenden Vorteile des BrainCluster-Ansatzes

Dadurch, das BrainCluster über die übergeordneten Bedürfnisstrukturen basierend auf geprägten Gehirndominanzen die unterschiedlichen Endbenefits verschiedener Verbrauchergruppen trennend beschreibt, verfügt Marketing und die Forschung über allgemeingültige Ziel- und Ordnungskriterien.

Die Vorteile des BrainCluster-Ansatzes:

BrainCluster ist ein „Endbenefit-Konzept".

Weil BrainCluster die Verbraucher als Ordnungskriterium nach kategorie-unabhängigen emotionalen, also psychologischen Bedürfnissen gruppiert, können wir die Zielgruppen nicht nur umfassend beschreiben und wieder auffinden, sondern können die hinter dem Verhalten stehenden Nutzen nachvollziehen. Und deshalb Ihre Angebote besser darauf ausrichten.

Denn der Endbenefit vieler Angebote liegt in der Steigerung des Selbstwertgefühls, der emotionalen Satisfaction des Verbrauchers. So gibt BrainCluster Ihren Marken die „emotionale Faszination" zurück. Vorausgesetzt man kennt die emotionalen Bedürfnisse der unterschiedlichen Potentiale.

BrainCluster ist ein „Integrierter Marketingansatz".

Da BrainCluster die Verbraucher nach kategorie-übergreifenden, psychologischen Bedürfnis-Strukturen ordnet, werden die Konsequenzen in allen Marketing-Ebenen sichtbar: Beim konkreten Angebot, Sortiment und Line extensions, Packdesign und Werbung, Mediaauswahl und Plazierung. Weil der Ansatz kategorie-unabhängig ist, wirkt er wie ein Hologramm auf den unterschiedlichsten Verhaltensebenen.

Die Konsequenzen im konkreten Anwendungs-Beispiel.

Mit welcher enormen Hebelwirkung das Konzept arbeitet, läßt sich z.B. deutlich an der Media-Optimierung beweisen: Häufig muß man bisher nach soziodemographischen Merkmalen die Sender und Titel planen. BrainCluster zeigt, daß der sichere Ausschluß von Nichtpotential zu einer Effektivitäts-Steigerung von dreißig Prozent und mehr führt: In der Wirkung vergleichbar einer Budgetsteigerung von mehreren Millionen Mark.

Die K&A MarkenMonopol-Forschung hat die Umsetzungs-Werkzeuge.

Wir haben in mehr als fünfzehn Jahren die Werkzeuge geschaffen, um durch eine systematische Vorgehensweise Ihre konkreten Probleme besser und preisgünstiger zu lösen. Vergleichbar einem „Rezept" für Forschung, die zwingend zu überdurchschnittlichen Markterfolgen führt. Gerne begleiten wir Sie, bis Ihr Erfolg im Markt sichtbar wird.

BrainCluster ist der erste echte „integrierte Marketingansatz".

BrainCluster ist der erste kategorie-unabhängige, psychologische „Integrierte Marketingansatz": Das heißt bessere Anpassung an übergeordnete, kategorie-übergreifende Bedürfnisstrukturen.

MANAGEMENT-ZUSAMMENFASSUNG:

Selling The Invisible: BrainCluster

Marketing ist in Problemen: Eine Inflation von Marken. Eine immer schnellere Angleichung von Produkten. Eine Reizüberflutung der Verbraucher mit Werbebotschaften. Und das in einer Situation, in welcher der Gebrauchswert von Gütern immer selbstverständlicher wird.

Die Eigenständigkeit der einzelnen Marken sinkt, die Angebote werden austauschbarer. Immer mehr Marken bieten vergleichbare faktische Vorteile und teilen sich den Umsatz innerhalb eines Teilmarktes. Zum Beispiel beim Bier teilen sich inzwischen Dutzende von Marken den Premium-Anspruch und das auch noch mit verwirrend gleichen Werbewelten:

Wen wunderts, wenn der Verbraucher keine Markentreue mehr zeigt und die Alternative aus dem Sonderangebot des Handels kauft.

Kurzfristig ist der Verbraucher beglückt, hat er doch mit seinem Schnäppchen gezeigt, wie clever er seine Bedürfnisse in Sinne eines extrem günstigen Preis-Leistungs-Verhältnisses befriedigen konnte: Die deutsche Markenlandschaft auf dem Weg in die Aldi-sierung?

Aber bei immer mehr Verbrauchern bleibt offensichtlich ein schaler Geschmack beim Konsum zurück. Diffus spüren Verbraucher und Hersteller, daß etwas fehlt:

Immer mehr Marken verlieren ihre „Faszination".

Aber was genau macht diese Magie der Marken aus? Was fehlt? Wonach müssen wir suchen? Wie können wir uns der Magie der Marken wieder nähern?

Lassen Sie mich kurz erklären, wie unser Weltbild strukturiert ist: Jedes Produkt befriedigt zunächst einmal physiologische Bedürfnisse. Diese faktischen Vorteile tragen zum Wohlbefinden des Verbrauchers bei und ist entweder eher kurzfristig oder langfristig orientiert. Bei kurzfristiger Orientierung spricht man zum Beispiel von Genuß, Spaß usw., bei längerfristiger Orientierung z.B. von Gesundheit, Sicherheit, etc. Diese beiden Orientierungen scheinen relativ durchgehend zu sein.

Wenn man aber genauer hinschaut, stellt man fest, daß jede Produkteigenschaft und jeder faktische Nutzen aber gleichzeitig einen Beitrag zum Gesamtwohlbefinden des Verwenders leistet. Denn die Verwendung von Produktkategorien und Marken befriedigt nicht nur konkrete faktische Bedürfnisse, sondern gleichzeitig auch noch einen emotionalen Nutzen.

Durch das K&A Markt-Wirkungs-Modell haben wir diese Ursache-Wirkungs-Kette nachvollziehbar aufgeklärt. Und mit der MarkenMonopol-Forschung die notwendigen Methodenbausteine geschaffen, um für jede Produktkategorie die zu befriedigende Needs-Struktur (Wünsche und Bedürfnisse) zu klären. Dadurch ist es möglich, das Angebot und die Kommunikation entsprechend auf das Anforderungsprofil des jeweiligen Verwenders, bzw. des Teilmarktes auszurichten.

Das bedeutet, die Verwendung der Marken ist quasi nur ein Hilfsmittel, um an den gewünschten emotionalen Kategorienutzen zu kommen. Denn was will der Verbraucher, vereinfacht ausgedrückt? Er möchte wieder zurück ins „Paradies“! Zurück zu diesem wohligen Gefühl, mit sich und der Umwelt im reinen zu sein.

Wir haben in den letzten fünfzehn Jahren die faktischen und emotionalen Nutzendimensionen durch qualitative Segmentationen von hunderten Warengruppen, Dienstleistungen und Medien untersucht und aufgeklärt. Aber die Focussierung auf die spezifischen Bedürfnisse der Kategorie zwang uns für jede Warengruppe andere Dimensionen zur Differenzierung der Zielgruppen heranzuziehen. Übergeordnete Strukturen wurden kaum sichtbar.

Zwar gibt es Versuche von übergreifenden Segmentierungsansätzen, etwa die bekannten DDB Lifestyles aus den sechziger Jahren, die Lebenswelten, diese sind jedoch rein deskriptiver Natur. Erfolgreiche Markenkonzepte müssen aber spezifische Bedürfnisse von Zielgruppen ansprechen.

Es fragt sich deshalb, ob es möglich ist, ein generelles, auf zentralen Bedürfnissen basierendes Strukturierungs-Kriterium zu entwickeln, das für alle Warengruppen und Medien gilt.

Den Durchbruch erreichten wir, als wir die folgenden Überlegungen anstellten: Wenn die Needs (Bedürfnis-Struktur) die Verwendung von Produkten (Marken) im Sinne einer Problem-Lösung auslöst, dann stellt sich die Frage: „Was steuert die Bedürfnisstruktur (Needs) der Verbraucher?"

Oder anders, pragmatisch ausgedrückt: Wenn wir alle unsere Segmentationen aus den unterschiedlichsten Warengruppen in einen Supercomputer stecken und darüber clustern würden, zeigt sich dann eine übergeordnete Struktur von wenigen psychologisch relevanten Grundbedürfnissen?

Nach der sehr gut geprüften „Self-Determination Theory of Motivation" von DECI liegt dann ein psychologisches Bedürfnis vor, wenn die Befriedigung des Bedürfnisses direkt eine Stärkung des Selbstwertgefühls verursacht.

Das stimmte mit unseren Überlegungen zusammen, daß die Needs-Struktur, welche für das Verwendungs-Verhalten und die Markenwahl ursächlich verantwortlich ist, ganz offensichtlich durch das Gehirn gesteuert wird. Aber wenn man nur ein Gehirn hat, warum ist dann das Verwendungsverhalten so unterschiedlich? Warum kaufen dann nicht alle Verbraucher dasselbe?

Wir stiegen in die neurologische, soziologische und psychologische Forschung ein. Und auf einmal fügten sich die unterschiedlichen Puzzleteile zu einem sinnvollen Gesamtbild: Der Mensch verfügt nicht über ein, sondern über drei Gehirne: Stammhirn, Zwischenhirn und Großhirn.

Und vieles deutet darauf hin, daß die im Kindesalter gemachten individuellen, positiven Lebenserfahrungen bei der unbewußten Nutzung dieser drei Gehirne die Menschen stark konditionieren. Aufgrund dieser Erfahrungen kommt es zu Prägungen, welche die übergeordneten, emotionalen Bedürfnisstrukturen zu unterschiedlichen Lebensmodellen verdichtet. Und diese unterschiedlichen Lebensmodelle führen zu unterschiedlichen Verhalten, auch bei der Verwendung von Produktkategorien und bei der Präferenz von verschiedenen Marken. Deshalb haben wir unterschiedliches Verhalten im Markt.

Diese Bedürfnistheorie korrespondiert sehr gut mit Theorien über Gehirndominanzen (Groß-, Stammhirn- und Zwischenhirndominanz) sowie einer Fülle anderer Ansätze (z.B. Statusgewinnung).

Demnach scheinen drei psychologische Bedürfnisse von herausragender Bedeutung für das menschliche Verhalten zu sein:

- Dazugehörigkeit und soziale Einbindung
- Autonomie und Selbstbestimmung
- Kompetenz und Wirksamkeit

Nun ist diese Bedürfnistheorie sicherlich nicht die „endgültige Wahrheit" und eine sehr vereinfachte Sicht der Dinge. Unsere Analysen in einer Fülle von Produktkategorien haben aber gezeigt, daß mit Hilfe relativ weniger, wichtiger Dimensionen die Produktverwendung, Markenwahl und Mediennutzung mit hoher Zuverlässigkeit vorhergesagt werden kann.

Damit haben wir eine übergeordnete Struktur gefunden, die als nichtbewußte psychologische Bedürfnisstruktur den absoluten Endbenefit für das Verbraucherverhalten definiert. Und zwar so, daß wir das Potential an Verwendern von Warengruppen und von Marken (über die bestehenden Käufer hinaus) vom Nichtpotential abgrenzen können.

Da wir aus den hunderten Studien, bei denen wir diese Struktur bisher mitlaufen ließen, unglaublich viele Informationen zusammengetragen haben, können wir diese Gruppen bis in viele Details beschreiben. Und damit nachvollziehbar und nachfühlbar machen. Und so Markenkonzepte präziser auf die speziellen emotionalen Nutzenerwartungen ausrichten.

Durch die Nutzungsanalyse nach diesen Kriterien bei den klassischen Medien wie TV, Radio, Presse und Plakat sind wir in der Lage, die Wirksamkeit der Kommunikation durch eine präzisere Steuerung nach Medienkategorien, aber auch Titeln und Sendern, bis hin zu effektiveren Plazierungsvorschlägen zu Sendeformaten bzw. redaktionellen Themen erheblich in der Effektivität zu steigern.

Dadurch läßt sich die subjektive Überflutung und Belästigung des Verbrauchers durch Kommunikation reduzieren: Denn Werbung wird vor allem dann als störend empfunden, wenn sie für den Betreffenden irrelevant ist oder wenn Inhalt und Form seinen latenten Bedürfnissen nicht gerecht wird.

Der BrainCluster-Ansatz verknüpft also die unbewußten, psychologischen Bedürfnisse mit den Needs-Strukturen und Verwendungsverhalten der Kategorien, der Markenwahl und Kommunikation bis hin zum Medienverhalten. Erste Hinweise deuten darauf hin, daß sich der BrainCluster-Ansatz bis in die Einkaufsstättenwahl, also der Bevorzugung von Versandhaus, Fachhandel, Discountern, etc. weiterverfolgen läßt.

Basierend auf dem Markt-Wirkungs-Modell und der MarkenMonopol-Forschung liegt also, vielleicht zum ersten Mal, ein echter kategorie-übergreifender „integrierter Marketingansatz" vor:

Die Ausrichtung von Warengruppen, Markenkonzepten, Kommunikation und Medien auf die dem Verbraucher unbewußten psychologischen Bedürfnisse, also quasi auf seine heimlichen Sehnsüchte, um sich wirklich Wohl und Wert zu fühlen, kann den Marken jene gefühlsmäßige „Faszination" zurückgeben, die sein Selbstwertgefühl stärkt und sich ihn ein Stückchen näher dem Paradies fühlen läßt.

BrainCluster – als übergeordnetes, psychologisches Bedürfniskonzept – sind in der Lage, das Verbraucherverhalten in den unterschiedlichsten Lebensbereichen zu erklären: das Konsumverhalten in den unterschiedlichsten Produktkategorien, das Media- und Kommunikationsverhalten sowie das Einkaufsverhalten in den Handelsoutlets.

BrainCluster gibt Marketing die Chance, sich von den faktischen Details der Produktebene zu lösen und sich durch die bessere Anpassung an die emotionalen Bedürfnisse der Verbraucher auf die übergeordnete Nutzenebene zu konzentrieren.

BrainCluster gibt den Marken die Faszination zurück: „Brand´s Magic"!

I. TEIL:

PROBLEME

WARUM VIELE MARKEN IHRE MAGIE VERLIEREN?

01.

PROBLEME

WARUM VIELE MARKEN IHRE MAGIE VERLIEREN

„ALDI-SIERUNG" DER MARKENARTIKEL

Die Markenartikler sind zunehmend unter Druck: Eine Entwicklung, für die eine ganze Reihe von sehr unterschiedlichen Gründen verantwortlich ist. Einer der wichtigsten Faktoren liegt sicherlich in der zunehmenden Handelskonzentration, die in allen Industrieländern der Welt sichtbar wird und der daraus entstehenden Macht.

So wird der Lebensmittelhandel in Deutschland inzwischen von sieben, acht Handelskonzernen so dominiert, daß rund siebzig bis achtzig Prozent des Warenflusses durch dieses Nadelöhr müssen. Da mit Ausnahme der Discounter kaum ein wertschöpfendes Endverbraucherkonzept realisiert worden ist, wetteifern die Ketten durch immer krassere Preisaktivitäten um die Gunst des Verbrauchers. Donnerstag für Donnerstag bemühen Sie sich mit Millionenaufwand in „Schweinebauch"-Anzeigen und Handzetteln den Verbraucher dazu zu bringen, weniger Geld für die Angebote auszugeben. Obwohl die Einkaufsstättenwahl dadurch nachweislich nur wenig beeinflußt wird.

Diesen enormen Preisdruck versucht der Handel in den berüchtigten Jahresgesprächen durch immer neue Konditionsforderungen an seine Lieferanten, also den Markenartikler, weiterzugeben. Durch das Überangebot von Produkten und Marken sieht sich der Markenartikler vor der Alternative, jedes Jahr erneut den Konditionsforderungen des Handels weiter nachzugeben – oder durch Auslistung bzw. Reduzierung von Price-off-Promotions erhebliche Umsatzrückgänge in Kauf nehmen zu müssen.

In den sieben bis zehn Tagen, die eine solche Zweitplazierungsaktion dauert, läuft im Durchschnitt das Fünfzehn bis Dreißigfache des Umsatzes, der sonst im Monat aus einer normalen Regalplazierung abverkauft wird. Das bedeutet, daß in vielen Fällen eine einzige Zweitplazierung im Verbrauchermarkt vergleichbare Mengen bewegt wie drei, vier, fünf Monate normaler Regalumsatz.

Allein die Reduzierung der Anzahl der Aktionen bedeutet für viele Hersteller so gravierende Umsatz- und Gewinnrückgänge, daß in den meisten Fällen zähneknischend zumindest ein Teil der Konditionsverbesserung des Handels akzeptiert werden muß. Was den Handel in die Lage versetzt, sich auch im nächsten Jahr erneut mit extremen Sonderangeboten gegenüber seinen Wettbewerbern zu profilieren.

Diese Situation wird durch die Discounter wie Aldi noch weiter verschärft. Diese lassen durch die Beschränkung des Sortimentes auf Schnelldreher, die Konzentration auf Generics wie Konserven und Grundnahrungsmittel sowie eine knappe Spannenkalkulation die Markenartikel in anderen Vertriebsformen als relativ teuer erscheinen.

Für den klassischen Markenartikler wurden auf diese Weise die Deckungsbeiträge immer geringer: Er reagierte auf diese Entwicklung im Schwerpunkt durch immer härtere Kosteneinsparungen. Im wesentlichen in zwei Bereichen: Zum einen stellte sich für immer mehr Marken die Frage, wieviel Geld für Werbung zur Verfügung gestellt werden kann. – Zum zweiten, ob man die (vermeintlich) gleiche Produktqualität nicht auch zu niedrigeren Kosten herstellen kann. Dazu aber später.

Werbung wird in vielen Unternehmen nicht als eine zwingende Investition für die Rechtfertigung eines höheren Preises gesehen, der über dem Grundnutzen der Produktkategorie beim Discounter liegen soll. Dementsprechend wird in vielen Firmen keine fixe, notwendige Größe für ein Kommunikationsbudget eingeplant, sondern durch Verhandlungen zwischen Marketing, Vertrieb und Geschäftsleitung das Budget bestimmt. Diese Haltung wird regelmäßig in der zweiten Jahreshälfte sichtbar, wenn nicht erreichte Umsatz- und Gewinngrößen zur Streichung von Werbemitteln führen.

Weil die Werbewirkung (durch unzureichende Testverfahren) für viele Controller nicht faktisch genug nachweisbar ist, wird das Marketingbudget zum Puffer für die Firmenrendite. Ohne einen höheren Preis durch Kommunikation ausreichend rechtfertigen zu können, wird es aber immer schwieriger, die Eigenständigkeit und Präferenz der Marke im Wettbewerbsumfeld zu erreichen oder abzusichern.

Sinkende Deckungsbeiträge führen andererseits dazu, zu prüfen, ob das Produkt nicht noch etwas günstiger hergestellt werden könnte: Stichwort Wertanalyse. Zu Beginn des Markenartikels versuchte man sich durch immer bessere Produkte (bessere Mausefalle) von den Nichtmarken abzugrenzen und das bestmögliche Produkt zumindest in einer verbraucherrelevanten Dimension herzustellen. Jetzt geht es darum, zu prüfen, ob man nicht ein ähnlich gutes Produkt kostengünstiger herstellen kann.

So richtig der Ansatz grundsätzlich ist, so häufig hat er auch dazu geführt, daß bei etlichen Markenartikeln auf einmal nur noch die gesetzlich notwendigen Kriterien wie zum Beispiel der Saftgehalt bei Fruchtnektaren eingehalten wurden oder preiswertere Rohstoffe eingesetzt wurden. Oft genug in Analogie zur Salamitaktik: In der Hoffnung, wenn man eine ganz dünne Scheibe abschneidet, wird es wohl niemand merken. Das Problem dabei: Wenn man viele noch so dünne Scheiben abschneidet, wird die Wurst halt doch kürzer.

Die wirkliche Gefahr liegt in der Erosion der Markenqualität. Immer mehr Markenartikel haben ihren ursprünglichen Qualitätsvorsprung gegenüber den Angeboten bei den Discountern eingebüßt. Denn die Discounter erfüllen natürlich im gleichen Maße die gesetzlichen Grundanforderungen: Die Angebote gleichen sich immer mehr an. Der Preisunterschied ist zumindest auf der Produktebene immer schwerer zu rechtfertigen.

Und zu einer emotionalen Differenzierung braucht es noch erheblich mehr Geld in der Kommunikation, wenn schon ein faktischer Beweis nicht mehr zu führen ist. Für den Markenartikler ein Teufelskreis. Von dem Verbraucher vermutlich nicht einmal unbedingt gewollt: Denn der trifft seine Entscheidungen primär im Vergleich und kauft bei annähernd gleichen Qualitäten vernünftigerweise das subjektiv günstigere Preis-Leistungs-Verhältnis.

Wie preiswert Lebensmittel inzwischen sind, wird einem erst richtig deutlich, wenn man einmal die Preise von Schokolade, Kaffee, Milch oder Eiern über einen Zeitraum von dreißig, vierzig Jahren vergleicht: Heute kosten Eier oder Schokolade weniger als damals. Berücksichtigt man die historische Inflationsraten-Entwicklung, so kostet Schokolade eigentlich etwa 24 Pfennig pro 100 Gramm-Tafel. Einschließlich 16 % Mehrwertsteuer, Handelsmarge, Herstellergewinn, Lager und Transport. Und Rohstoffe, Verpackung und Herstellung.

MARKEN VERLIEREN IHRE FASZINATION: NUR NOCH VERNUNFT STATT MAGIE?

Jedes Jahr drängen zwei- bis dreitausend neue Artikel (-Nummern) allein in die Regale der Verbrauchermärkte. Gut für den Verbraucher, denn nach dem Evolutions-Prinzip „Survival of the fittest" wird die natürliche Auslese schon das mittelfristige Angebot bestimmen.

Schlecht für den Verbraucher: Denn das Angebot wird immer unübersichtlicher. Kaum ist ein Konzept erfolgreich, fühlt sich jeder Hersteller gezwungen, eine eigene Me too-Alternative auf den Markt zu bringen. Immer schneller und konsequenter ziehen die Wettbewerber mit vergleichbaren Angeboten nach. Stiftung Warentest spricht eine beredete Sprache: Zwanzig Marken im Test. Achtzehn mal „gut". Zwei Mal befriedigend. Das Angebot wird immer austauschbarer. Im Blindtest können bei Genußmitteln wie Bier selbst die Braumeister im direkten Vergleich kaum noch Unterschiede erkennen.

Die Tendenz, sich an die im Markt besonders erfolgreichen Produkte anzugleichen, verwischt die bestehenden Unterschiede immer mehr. Und echte Innovationen zu entwickeln wird offensichtlich immer schwieriger: Firmen wie Procter & Gamble, die sich der Entwicklung von dramatisch, von jedem Verbraucher nachvollziehbar besseren Produkten als Erfolgskonzept verschrieben haben, gelingt es immer schwerer, deutlich differenzierende Angebote auf den Markt zu bringen und zu Premiumpreisen zu vermarkten.

Gleichzeitig verstärkt sich die Entwicklung, Markenprodukte nicht mehr wie früher eindimensional konzeptionell auszurichten und zu kommunizieren. War früher ein Markendeo entweder besonders wirksam oder mild oder gut im Duft, so vereinigen heutige Marken zunehmend mehrere Eigenschaften gleichzeitig. Dadurch werden die Markenangebote immer komplexer, verringert sich die Trennschärfe und die Austauschbarkeit der Angebote steigt.

Zusätzlich verführen die hohen Markteintrittskosten beim Handel und für Aufbau von Markenbekanntheit und Konzeptpenetration immer mehr Anbieter dazu, unter einem Markennamen verschiedene Line extentions anzubieten. War Milka vor zwanzig Jahren eindeutig eine Tafelschokolade, so werden heute mehr als vierzig Produkt-Ableger unter diesem Markendach angeboten. Häufig genug, ohne daß die Kernkompetenz, für die die Marke steht, wirklich ausreichend berücksichtigt wird und diese weiter verstärkt. Das wird besonders deutlich sichtbar, wenn auf einmal unterschiedliche, unvereinbare Zielgruppen die Produktvarianten kaufen sollen.

Die Verwirrung wird komplett, wenn zum Beispiel Premiummarken vom Handel zu extrem günstigen Preisen angeboten werden, häufig vermutlich sogar unter Einstandspreis. Natürlich freut sich der Endverbraucher über das Schnäppchen. Aber zusätzlich passiert auf der emotionalen Seite noch mehr. Die gelernte Preis-Leistungs-Relation wird als zunehmend konfus empfunden.

Hat sich der Handel einige Male mit extremen Preisen „profiliert", wird die Marke emotional entwertet: Die Marke verliert mehr und mehr ihre „Magie", wird weniger wert-voll. Der Käufer nimmt zunehmend das Produkt wahr. Das gilt anscheinend im besonderen Maße für Marken, denen es gelungen war, den Nutzen, also einen Benefit im Sinne eines speziellen Gefühls, in den Mittelpunkt zu stellen.

Denn ein Mercedes wird vom Verbraucher emotional bisher deutlich anders erlebt als eine sinnvolle Ansammlung von Blech, Kunststoff und Glas. Selbst eine Definition durch Motor, Getriebe und Sicherheitszelle beschreibt das Gefühl der Marke Mercedes nur sehr unvollkommen. Anders ist wohl kaum zu erklären, warum quasi baugleiche Fahrzeuge wie der VW Sharan und der Ford Galaxy (aus der gleichen Fabrik) so drastisch unterschiedliche Abverkaufszahlen bringen.

Die zentrale Frage des Überlebens von Markenartikeln wird vermutlich eng damit verknüpft sein, in welchem Maße es gelingt, von der reinen Produktebene wegzukommen und auch die emotionalen Bedürfnisse besser wahrnehmbar zu machen.

Wenn die faktischen Produktunterschiede abnehmen, die Angebote immer gleicher werden, wie ist dann noch eine Eigenständigkeit der Angebote zu erreichen? Woher soll die Magie der Marken kommen, wenn die bisherigen Abgrenzungen immer mehr verwischen und generischer werden. Wenn Sicherheit, Wirtschaftlichkeit, Haltbarkeit und Design von allen Produkten gleichermaßen erfüllt werden?

Wir brauchen einen Lösungsansatz, der nicht das Produkt selbst in den Mittelpunkt stellt, sondern den Nutzen und damit den Verbraucher. Einen warengruppen-unabhängigen Marketingansatz, der das Markenprodukt zum Reason why des emotionalen Verbrauchernutzens macht.

Genau das ist der Ansatz von BrainCluster!

MARKENFÜHRUNG WIRD IMMER KURZFRISTIGER.

Die bisher geschilderten Einflüsse werden aber noch durch einen weiteren Aspekt verstärkt: Die Markenführung wird immer kurzfristiger. Der Erfolg muß immer schneller sichtbar werden.

Die Umsatz- und Gewinnerwartungen werden inzwischen von immer mehr Aktiengesellschaften quartalsweise abgeprüft. Immer häufiger hören wir bei Klienten die Erwartung, daß eine neue Marke sich im Markt erst selbst das Geld verdienen soll, mit der dann die Investition durch werbliche Kommunikation unterstützt werden kann.

Marketing hat in vielen Firmen die Schlacht um die Ressourcen verloren: In vielen Firmen ist Marketing zu einer unter vielen Abteilungen verkommen. Im schlimmsten Fall zu einer Verkaufsförderungs-Abteilung des Vertriebs. Es wird nicht begriffen, daß das Endziel sein müßte, die ganze Firma zu einer „Marketing-Abteilung" zu machen, indem man die gesamte Organisation als eine große „Verbraucher-Service-Abteilung" versteht. Denn das Endergebnis jeder Produkt- oder Dienstleistungserfahrung liegt letztendlich in einem emotionalen Nutzen – einem GEFÜHL.

Nicht der Vertrieb verdient das Geld, sondern das Marketing. Eine harte Aussage, also lassen Sie es mich beweisen: In fast allen Firmen entsteht die Masse der KOSTEN bei der Herstellung des Produktes. So wie es eben der Produktkategorie entspricht, egal ob Pizza, Deo oder Bier. Würden wir dem Produkt nichts dazu addieren, würden die so vergleichbaren Angebote in einen harten, direkten Preiskampf geraten und unsere Margen wären zum Teufel.

Die Aufgabe von Marketing liegt nur in einer Zielsetzung: Die Bevorzugung der Marke so zu erhöhen, daß sie als beste Alternative auf dem Markt wahrgenommen wird und auf dem ersten Platz der Markenpräferenz bei einer möglichst großen Zahl von Käufern steht. Warum wir unbedingt auf den ersten Platz der Markenbevorzugung wollen? Ganz einfach. Wenn man immer nur auf dem zweiten, dritten oder vierten Platz beinahe gekauft wird, kann man verhungern!

Der Kauf einer Marke findet nicht am Regal im Supermarkt statt, sondern ist der Prozeß der Markenwahl VORHER durch die Wahrnehmung im Gehirn des Verbrauchers. Wir verkaufen allerdings nicht nur ein Produkt. Das Produkt ist nur die faktische Problem-Lösung. Also müssen wir die Wünsche und Bedürfnisse der Verbraucher kennen, um das Angebot und die Kommunikation entsprechend optimal auf diese auszurichten. Wünsche und Bedürfnisse sind kaufrelevante Emotionen, keine materiellen Güter.

Wann immer wir die Methode „Laddering" (abgeleitet von Leitern) anwenden und wir konsequent nachfragen: „Was hast du für einen Vorteil von einer Produkteigenschaft oder einem Produkt?" wechselt der Verbraucher relativ bald auf eine emotionale Ebene und endet bei einem generischen sich Wohlfühlen. Produkte ermöglichen auf der physischen Ebene das gewünschte Wohlgefühl und dieses physische Wohlgefühl ist die Basis für das übergeordnete, generische emotionale Wohlgefühl: Wir sind – wenn man so will – dem Paradies, als einem völlig problemlosen Zustand, ein Stück näher.

Das Problem: Der Handel und Wettbewerb läßt uns nicht mehr beliebig viel Zeit, bis wir unser Ziel erreicht haben. Wir haben nicht mehr zwei, drei, vier Schuß frei. Wir brauchen einen Denkansatz, der schnell funktioniert. Beim ersten Anlauf. Sicher. Zuverlässig. Egal, in welcher Produkt- oder Dienstleistungskategorie wir arbeiten.

Wir brauchen eine warengruppen-unabhängige Denkstruktur. In der täglichen Arbeit einfach und konkret anwendbar. Simpel, damit sie an alle Marketing betreffenden Schnittstellen nachvollziehbar kommunizierbar ist. Denn nur wenn alle Beteiligten wie Produktentwickler, Werbeagenturen, Packungsdesigner, Marketing und Vertrieb ein vergleichbares Ziel und Marketingverständnis im Kopf haben, verfügen wir auch über weitgehend einheitliche Bewertungsmaßstäbe, ziehen am gleichen Strang und vermeiden so frustrierende Mißverständnisse und Diskussionen.

Nur so läßt sich die Erreichung eines gemeinsamen mittelfristigen Unternehmenszieles sicherstellen und kurzfristige Aktionen zur persönlichen Karriereplanung konterkarieren. BrainCluster ist ein solches Modell. Es ist kategorieunabhängig. Es orientiert sich an den emotionalen Bedürfnissen der Verbraucher. Es ist einfach nachvollziehbar. Und konkret sofort für die tägliche Arbeit geeignet.

STRUKTURWANDEL: DIE ÄSTHETISIERUNG DER BEZIEHUNG ZU GÜTERN UND DIENSTLEISTUNGEN.

Wie wir im vorhergehenden Kapitel gesehen haben, wird der funktionale Gebrauchswert von Gütern und Dienstleistungen eine immer selbstverständlichere Voraussetzung. Und das gilt für eine immer größere Anzahl von Produktkategorien.

Waren früher nur bei wenigen Warengruppen, wie modische Kleidung, Spirituosen, Zigaretten und Autos solche Dinge wie Design und Verwender-Image wichtig, so werden heute zunehmend auch alltägliche Konsum- und Gebrauchsgüter wie Körperpflege-Artikel, Schuhe, Schreibgeräte, Möbel, Geschirr, Schmuck, Bier, Sekt oder auch Urlaubs-Veranstalter, Reiseländer, Fluggesellschaften, Banken, Autovermietungen, Einkaufsstätten, Restaurantketten, etc. davon erfaßt.

In einer Zeit, in der sich die Nutzen von Waren und Dienstleistungen immer ähnlicher werden, versucht der Verbraucher der Vermassung über die Differenzierung durch psychologische Nutzen zu entgehen. (Fast) Jeder möchte ein Individuum sein! Er verwendet Marken und Verwenderimages als Ausdruck seiner Persönlichkeit. Er sucht Angebote, die seinem Typ oder seinem angestrebten Selbstbild möglichst gut entsprechen.

Eine möglichst einheitliche, richtige Darstellung seiner selbst, führt zu mehr „Well-Being“ und erhöht das Lebensgefühl im Sinne der Harmonie mit sich selbst und stärkt so das Selbstwertgefühl.

Jeder Verbraucher steht inzwischen einem riesigen Warenangebot gegenüber: Tausende von Produkt- und Dienstleistungs-Angeboten in den unterschiedlichsten Bereichen zielen auf den gleichen Verbraucher. So sieht es zumindest aus Sicht der Hersteller aus. Die Frage stellt sich: Sind das alles völlig unabhängige Entscheidungen? Oder gibt es dahinter bestimmte, übergeordnete Kriterien?

Denn der Verbraucher trifft nur eine sehr selektive Auswahl aus dem riesigen Angebot. Und sein Nachbar vielleicht eine völlig andere. Es stellt sich also die Frage: „Was sind diese Auswahlkriterien?" Gibt es möglicherweise ein immer wiederkehrendes Raster. Ein übergeordnetes Auswahlverfahren? Dienen eventuell alle die verschiedenen Produkte und Dienstleistungen einem gemeinsamen „Hauptnenner"?

AUSRICHTUNG AUF VERBRAUCHER-NEEDS STATT KRIEG DER MARKEN

In den letzten fünfzehn Jahren haben wir uns bemüht, bessere Markenangebote in der jeweiligen Produktkategorie zu entwickeln, indem wir die faktischen und emotionalen Bedürfnisstrukturen für das Verwendungsverhalten innerhalb der Warengruppe oder Dienstleistung zuverlässig aufgeklärt haben. Aus dem individuellen Anforderungsprofil bestimmter Teilgruppen innerhalb der Kategorie haben wir zusammen mit unseren Klienten und deren Agenturen konzeptionelle Ansätze für die spezifischen Marken entwickelt, die diesen Teilmarkt durch bessere Anpassung, möglichst dominant, besetzen sollten.

Grundsätzlich haben wir jedes neue Projekt, jeden neuen Teilmarkt als neue Aufgabe und Herausforderung gesehen. Damit hatte der Klient uns beauftragt, denn er brauchte eine individuelle, auf seine Problemstellungen im Markt angepaßte Lösung. Und die haben wir ihm geliefert. So gut, daß wir ohne Übertreibung sagen können, wir sind bei so manchem Marken-Monopol maßgeblich am Erfolg beteiligt gewesen.

Aber wenn man einmal einen Schritt zurücktritt, muß man sich ja auch die Frage stellen: Ob tatsächlich aus Verbrauchersicht bei jeder Warengruppe und Marke eine neue, völlig unabhängige neue Entscheidung stattfindet. Gibt es tatsächlich Dutzende, Hunderte, Tausende unterschiedliche Entscheidungskriterien aus Verbrauchersicht, oder läuft es nicht am Ende auf wenige Grundmuster hinaus.

Lassen sich z.B. nicht eventuell viele Genußmittel wie zum Beispiel Zigaretten, Süßwaren, Alkohol auf eine ähnliche Bedürfnisstruktur zurückführen? Sind die verschiedenen Produktkategorien nur unterschiedliche Lösungsansätze für übergeordnete Needs? Dann könnte man sehr vereinfacht davon ausgehen, daß sich viele Produktgruppen wie z.B. Tafelschokolade, Riegel, Pralinen, vielleicht sogar Gummibärchen und Negerküsse als Süßigkeiten unter einer gemeinsamen Basis-Needs-Struktur quasi zusammenfassen lassen.

Verfolgen wir diesen Gedanken noch einen Schritt weiter, so lassen sich vielleicht viele Süchte mit allen ihren unterschiedlichen Ausprägungen auf einen oder wenige gemeinsame Hauptnenner zurückführen. Damit würde eine übergeordnete Struktur entstehen, die nicht nur das Verwendungsverhalten vieler Warengruppen gleichzeitig erklärt, sondern die Markenwahl marktübergreifend in einen erheblich weiteren Gesamtrahmen sichtbar werden läßt.

Wir haben uns bisher immer darum gekümmert, die Angebote als Lösungen für die individuellen Bedürfnisstrukturen der Verbraucher zu sehen. Durch die Diagnose dieser Bedürfnisstrukturen haben wir eine Problem-Lösungs-Kette und damit eine Ursache-Wirkungs-Kette zwischen dem Anforderungsprofil und den Angeboten im Markt hergestellt.

Das hat genau die Fragestellung des Klienten gelöst.

Interessant könnte allerdings auch ein Wechsel der Perspektive mit der Überlegung sein: Wenn man versucht nicht kundenspezifisch „nur“ in die Tiefe, sondern kundenübergreifend in die Breite zu gehen. Welche relevanten Erkenntnisse kann diese Vorgehenweise bringen?

II. TEIL:

DIE HYPOTHESE

ES GIBT ÜBERGEORDNETE STRUKTUREN

02.

DIE HYPOTHESE

ES GIBT ÜBERGEORDNETE STRUKTUREN!

ERSTE SUCHE NACH EINER STRUKTUR: ANALYSE VON HUNDERTEN PSYCHODRAMEN

Nachdem wir mehrere hundert Psychodramen in über hundert Warengruppen beziehungsweise Subkategorien durchgeführt hatten, haben wir uns die Frage gestellt: „Gibt es hinter allen unterschiedlichen Warengruppen nicht eventuell doch eine übergeordnete Struktur?"

Ein Grundsystem, nach dem der Endverbraucher seine vielen alltäglichen Entscheidungen in den verschiedensten Warengruppen trifft? Gibt es ein einheitliches Grundraster, das den Konsumenten bei den vermeintlich komplexen Entscheidungsprozessen in den vielfältigsten Produktkategorien entlastet? Versteckt sich hinter den unterschiedlichsten Angebotsformen von Süßigkeiten wie Bonbons, Tafelschokolade, Pralinen, Riegeln, usw. ein gemeinsamer Hauptnenner? Steht hinter Bier, Wein, Spirituosen durch den Alkohol eventuell ein einziges Grundmuster? Sind vielleicht alle Süchte nur unterschiedliche Formen einer gleichen „Bedürftigkeit"?

Wir haben danach gesucht. Haben uns zunächst zehn, dann zwanzig, fünfzig, hundert Psychodramen noch einmal vorgenommen und nach einem gemeinsamen Hauptnenner gesucht. Tatsächlich zeigen sich bei unterschiedlichsten Subkategorien immer wieder Gemeinsamkeiten. Aber am Anfang haben wir die Zusammenhänge dahinter nicht verstanden. Es gelang uns zunächst nicht eine gemeinsame übergreifende Struktur zu erkennen.

HARTER BEWERTUNGSMASSSTAB: PROGNOSEFÄHIGKEIT.

Die Frage stellte sich natürlich sofort: Woran würden wir überhaupt eine solche Struktur, wie wir sie suchen, erkennen. Wissen, daß wir das Problem wirklich gelöst haben? Wir haben uns selbst einen Maßstab gesucht.

Wir suchen nach einem Ansatz, der so richtig ist, daß man zumindest überwiegend richtige Prognosen zum Verhalten der Verbraucher stellen kann. Können wir im voraus das Verwendungs-Verhalten zumindest von Warengruppen, das Marken-Relevant Set, noch besser natürlich noch für die einzelne Marke der Kunden richtig vorhersagen, dann müssen wir einen relevanten „Lebensnerv" getroffen haben.

Denn wir suchen einen Ursache-Wirkungs-Zusammenhang, der schon vor einer realen Markteinführung im Sinne eines Markt-Wirkungs-Modells die relevanten Kriterien herausarbeitet. Ein harter Maßstab.

WIE INDIVIDUELL IST INDIVIDUELLES VERHALTEN?

Wie individuell ist individuelles Verhalten? Natürlich hat jeder von uns den Eindruck, daß er sich völlig frei entscheiden kann. Aber wenn man nur einen Schritt zurücktritt, wird sichtbar, daß mein scheinbar so individuelles Verhalten erschreckend vergleichbar zu dem vieler Zeitgenossen ist.

Besonders deutlich wird mir das immer, wenn ich die Teenie-Zeitschrift „Bravo" sehe. Ohne daß es den Betroffenen so richtig bewußt wird, scheint der Einfluß von einigen Hormonen die Prioritäten in ihrem ganzen Leben völlig zu verändern. Und das so gleichförmig, daß wir intern vom „Durchlauf-Erhitzer" sprechen: Denn vielleicht in der Form zeitgemäß angepaßt, aber inhaltlich fast unverändert, finden sich seit Jahrzehnten in der Bravo die immer gleichen Themen wieder: Dr. Sommer, Boy Groups, etc. – Und dies durchaus erfolgreich!

Dieses Verhalten der Pubertierenden ist ihnen in der Regel nicht bewußt. So wie auch bei uns Erwachsenen das Verhalten meistens, selbst bei zentralen Lebensfragen wie der Partnerwahl, keine bewußte rationale Abwägung aller Informationen ist. Oder haben Sie bei der Auswahl Ihres Lebenspartners eine Checkliste verwendet und Vor- und Nachteile sachlich abgewogen?

Wir haben uns auf die Gehirnstruktur konzentriert, selbst wenn dahinter noch Systeme wie Veranlagung und die DNS stehen sollten, weil wir einigermaßen überschauen können, daß über das Gehirn das Verhalten gesteuert wird.

Wenn man sich mit dem Gehirn, der Entwicklung und dem Aufbau auseinandersetzt, zeigt sich, daß wir, stark vereinfacht, gar nicht über ein Gehirn, sondern über gleich drei Gehirne verfügen. Diese drei Gehirne haben offensichtlich im Laufe der Entwicklung, immer neue komplexere Aufgaben übernommen. Darauf werden wir später noch ausführlicher eingehen.

Vielleicht liegt es ihnen schon auf der Zunge: Soll das heißen, daß alles schon in der Anlage, d.h. im Gehirn festgelegt ist. Was ist mit der Uralt-Diskussion: Anlage durch Vererbung vs. Prägung durch Sozialisierung und Erziehung?

Ich möchte ganz ehrlich mit Ihnen sein: Es ist mir egal! Ich will die Welt nicht verbessern. Ich will die Auswirkungen als Verhalten nachvollziehbar ordnen. Denn das Verhalten steht ganz offensichtlich in irgendeinem Zusammenhang zu Lebensphasen, Geschlecht, Bildung, Umwelt, Kultur, etc.

Wonach wir suchen ist eine einfache, relevante und wirksame Ordnung. Das würde mir schon reichen.

WIR SUCHEN: EIN ÜBERGREIFENDES MODELL FÜR VERBRAUCHER-VERHALTEN.

Dabei hätte uns ein funktionierendes Modell schon genügt. Da jeder die Welt subjektiv wahrnimmt, hat auch jeder eine ganz bestimmte Einstellung zur Welt. Diese Einstellung – dieses Modell – ist wie eine Landkarte von der Welt. Aber es ist nicht die Welt selbst. Alle Menschen lassen sich in ihrem Verhalten von ihrem ganz persönlichen Modell leiten. Wie sie reagieren, welche Wahl sie jeweils treffen, das wird von ihrem Modell bestimmt.

Wenn wir also wüßten, nach welchem Modell Menschen die Welt erleben und nach welcher Landkarte sie ihr Verhalten ausrichten, dann würden wir sie besser verstehen und mit ihnen besser umgehen können.

Wir beobachten also den Verbraucher und versuchen herauszubekommen, welche Modelle in den Köpfen stecken könnten. Wir suchten nach übereinstimmenden Mustern, den zugrundeliegenden Elementen. Aus diesen Gemeinsamkeiten leiteten wir bestimmte Regeln ab, die wir dann in der täglichen Marketingarbeit ausprobierten.

Und unsere Erwartungen wurden mit dem BrainCluster-Modell erfüllt. Heute können wir überzeugend demonstrieren, daß jeder mit diesem Wissen überdurchschnittliche Erfolge erzielen kann. Deshalb können wir mit gutem Recht behaupten, daß jeder, der das Modell wie beschrieben anwendet, mit an den außergewöhnlichen Erfolgen profitieren kann.

Wir haben hier also eine Art Gebrauchsanweisung, wie ein Rezept für ein köstliches Gericht. Das Rezept garantiert, daß (wenn Sie sich möglichst genau an die Vorgaben halten) mit hoher Wahrscheinlichkeit ein vergleichbar gut schmeckendes Essen vorhergesagt werden kann.

Der Begriff Modell wurde bewußt gewählt. Im Gegensatz zu dem Begriff Theorie. Ein Modell ist einfach eine Beschreibung, wie etwas funktioniert. Ohne Festlegung darauf, warum das so sein mag. Eine Theorie hat die Aufgabe, eine Rechtfertigung dafür zu liefern, warum verschiedene Modelle scheinbar mit der Realität übereinstimmen.

Wir sind Modellbauer. Und bitten Sie, diese Arbeit als ein Modell zu beurteilen. Unabhängig davon, ob sie wahr oder falsch ist. Sie sollten herausfinden, ob es funktioniert oder nicht. Ob es etwas nützt oder unnütz ist.

Oder anders ausgedrückt: Die Anforderungen und das Modell sind überschaubar. Es muß sein: Einfach. Relevant. Wirksam.

Die Begründung ist klar: Denn Marketing ist, wenn man genau hinschaut, angewandte Verhaltens-Forschung.

Aber wo bekommen wir ein solches Modell her. Eins, das wirklich die drei oben genannten Kriterien erfüllt: Einfach. Relevant. Wirksam.

Der Traum von solch sinnvollen Gruppierungen scheint so alt wie die Menschheit selbst zu sein: Ein richtiges Vorurteil ordnet die Gegenwart und gibt einem Einfluß, die Zukunft besser zu bestehen. Diese Ordnung reduziert das Chaos und gibt Sicherheit. Das erhöht die Chance, sich in Zukunft Vorteile zu verschaffen. Ihr Tierkreis-Zeichen läßt grüßen.

Wir brauchen also eine Gruppierung, die einfach genug, damit sie kommunizierbar ist. So daß auch andere Beteiligte wie Werbeagenturen oder Packungsgestalter damit arbeiten können. Und die so richtig ist, daß die Ergebnisse für jeden objektiv meßbar und möglichst die Zukunft im Markt überwiegend richtig prognostiziert.

FEHLVERSUCHE: SOZIODEMOGRAPHIE, LEBENSPHASEN, HOROSKOPE, CHARAKTERMERKMALE, ETC.

Selbstverständlich haben wir die Überlegungen analysiert, die bisher unternommen worden sind, um eine vereinfachte übergeordnete Struktur zu finden. Und immer das gleiche Ergebnis: Fast alle Ansätze zeigen zunächst ermutigende Zusammenhänge, die scheinbar einleuchtend sind. Aber immer wieder waren die Ergebnisse nicht meßbar und wiederholbar, sondern von der Interpretation abhängig, also nicht eindeutig genug. Nicht konsequent genug, um richtige Prognosen abzugeben.

MEHR FEHLVERSUCHE: LIFESTYLE, LEBENSWELTEN, EUROSTYLE.

Schon in den sechziger Jahren hat die Werbeagentur DDB versucht mit Lifestyles einen Ansatz zu finden, um Verbraucherverhalten zu strukturieren und vorhersagbar zu machen. Aber die Praxis zeigte bald, daß für die tägliche Marketingarbeit der Ansatz nicht gut genug war.

Später brachte Sinus die Lebenswelten heraus. Der Versuch, über soziodemographische Strukturen und sogenannte Milieus die Bevölkerung zu gruppieren. Aber allein die Unterteilung in die große Zahl verschiedener Gruppen machte die konkrete Anwendung ausgesprochen kompliziert und unübersichtlich.

Und immer zeigten sich zunächst sinnvolle Korrelationen, aber keine ausreichende marktnahe Prognosefähigkeit über das Gesamtmarketing-Mix.

Viele Lifestyle-Ansätze operieren mit mehr als zehn verschiedenen Gruppen: Viel zu viele für die tägliche Marketingarbeit. Dabei müßte eine größere Anzahl von Gruppen eigentlich die Chance erhöhen, richtige Prognosen zu stellen: Denn, systematisch gedacht, müßte zumindest bei achtzig Millionen Gruppen (für jeden BRD-Einwohner eine) sich doch die richtige Struktur abzeichnen.

Alle diese Versuche haben ihre Daseinsberechtigung. Aber sind im Schwerpunkt eher beschreibend und strukturieren nicht über übergeordnete Bedürfnisstrukturen.

NOCH MEHR FEHLVERSUCHE: SOZIOLOGEN, WIRTSCHAFTSWISSENSCHAFTLER, NEUROLINGUISTIKER

Fast jeder hat von Maslow gehört. Und irgendwie scheint der Ansatz auf den ersten Blick auch ganz logisch. Bloß wenn man dann etwas genauer hinschaut, entsteht der Eindruck, daß man die Pyramide auch spielend und logisch um weitere zwei, drei Stufen erweitern könnte. Und es stellt sich andererseits die Frage, ob man die Schichtung nicht auch in einer anderen Reihenfolge aufeinander aufbauen könnte ...

Aber irgendwie scheinen wir doch auf der richtigen Spur zu sein: Gary Beckmann bekommt in den achtziger Jahren den Nobelpreis, weil er nachweist, daß menschliches Verhalten, selbst bei scheinbar unabhängigen wirtschaftlichen Prozessen und privaten Entscheidungen, selbst bei Kriminalität, sich an der genetischen Grundmechanik des konstruktiven Nutzens ausrichtet.

Den Soziobiologen gelingt es immer deutlicher, Verhalten auf wenige Grundterminanten zurückzuführen. Dawkins schreibt seinen Bestseller „The selfish gene“. 1998 stellt Susan Hawkins die These auf, daß es mit den Genen nicht nur einen evolutionären Steuerungsprozeß gibt, sondern durch „Imitation von Informationen“ eine zweite treibende Kraft gibt und benutzt dafür den Begriff „Mem“.

Neurolinguistiker versuchen zu beweisen, daß durch die Gehirnstruktur sich Menschentypen anhand der unterschiedlichen Nutzung der Sinnesorgane gruppieren lassen und zeigen auf, was für Einflüsse das ihrer Meinung nach auf die Wahrnehmung von Lebenssituationen hat.

VERSCHÄRFTES ANFORDERUNGSPROFIL. GESUCHT: EINE STRUKTUR MIT MAXIMAL SIEBEN GRUPPEN.

Und was machen wir? Wir verschärfen unser obiges Anforderungsprofil noch einmal zusätzlich: Dahinter steht die folgende Überlegung. Erstens scheint es so zu sein, daß der Mensch nur eine begrenzte Anzahl von Variablen gleichzeitig verfolgen kann, ohne als Hilfskonstruktion Untergruppen bilden zu müssen. Siehe dazu auch den berühmten Aufsatz: „Die magische Zahl sieben – plus-minus zwei!"

Das hat zwei Konsequenzen: Erstens bedeutet das, daß wir nach einer Lösung suchen müssen, die möglichst nicht sieben Gruppen überschreitet, weil sonst in der täglichen Marketingarbeit die Praktikabilität erheblich leiden würde.

Und zum zweiten ist die Wahrscheinlichkeit groß, daß der Verbraucher auch in seinem täglichen Leben eine Struktur gesucht und gefunden hat, die in diesem Sinne ausreichend einfach ist.

Das stimmt mit den Erfahrungen im Marketing überein: Sieht man sich Märkte an, in denen Marketing schon seit geraumer Zeit erfolgreich durch Marken sprich Konzepte Einfluß nimmt, dann wird sichtbar, daß in der Regel vier, fünf, höchstens sechs Marken zusammen vierzig, fünfzig, sechzig Prozent Marktanteil auf sich vereinen.

Unterstellt man zusätzlich, daß diese Marken nicht alle völlig eigenständige Teilmärkte bedienen, sondern in Wirklichkeit zu Marken-Relevant-Sets zusammengeführt werden können, dann brauchen wir eine simple Struktur mit relativ wenigen Teilmärkten.

III. TEIL:

DIE ENTDECKUNG VON BRAINCLUSTER

03.

DIE ENTDECKUNG VON BRAINCLUSTER

DURCHBRUCH DURCH MEDIENFORSCHUNG. WIR FINDEN EINE GRUNDSTRUKTUR: BRAINCLUSTER.

Wir entwickelten BrainCluster. Wie kann man so etwas entwickeln? Genau genommen kann man BrainCluster gar nicht entwickeln, sondern nur entdecken. Denn alles war schon da. Wir waren bloß zunächst nicht in der Lage, es zu erkennen und wahrzunehmen.

Was haben wir gemacht? Wie sind wir vorgegangen: Genau genommen haben wir uns dem Problem von zwei völlig unterschiedlichen Seiten genähert. Zum einen haben wir versucht mit unserem laienhaften Verständnis die Entwicklung und den Aufbau des Gehirns besser zu verstehen.

Gleichzeitig haben wir uns viele unserer alten Marktsegmentationen vorgenommen und versucht in endlosen Versuchen eine gemeinsame Grundstruktur zu erkennen und sichtbar zu machen.

Dabei zeigten sich immer deutlicher drei Grundmuster, die im Laufe der späteren Arbeit noch feiner in sechs Untergruppen zerlegt werden konnten. Langsam und unaufhaltsam wuchsen die beiden Vorgehensweisen, Gehirn und Verhalten, zu einer zwingenden sozio-biologischen Grundstruktur des Gehirns zusammen: Es gruppierten sich sechs heterogene „Typen", die innerhalb einer Teilgruppe ein überraschend homogenes, ähnliches Verhalten zeigten.

Anders als bei unseren üblichen Marktsegmentationen konnten wir zwar nicht erklären, warum die bestimmten Warengruppen und Marken benutzt und präferiert werden. Aber bei diesen nur sechs Teilgruppen lassen sich überraschend deutliche Unterschiede im Verwendungs-Verhalten der einzelnen Warengruppen, Dienstleistungen, Medien und Einkaufsstätten sichtbar machen. Gleichzeitig zeigen sich aber auch noch deutliche Schwerpunkte bestimmter Marken innerhalb der sechs Teilgruppen.

Unter Verwendungs-Verhalten ist als Beispiel die Bevorzugung bzw. Wahl von Produktgruppen, Sortimenten, Marken, Einkaufsstätten, Mediengruppen-Nutzung, Sendeformaten und Zeitschriftenthemen, Sendern und Illustriertentiteln, Handelskanälen etc. zu verstehen.

Die Zielgruppen-Potentiale lassen sich psychologisch im Sinne von sozio-demographischen Merkmalen sowie nach sozio-kulturellen, ästhetischen Bevorzugungen beschreiben. Und zwar so deutlich, daß man aufgrund von wenigen Kriterien mit hoher Wahrscheinlichkeit schon eine richtige Prognose auf die restlichen Kriterien treffen kann.

DREI STUDIEN HABEN EINEN GEMEINSAMEN „HAUPTNENNER"!!?!

Auf diese übergreifende Gesamtstruktur sind wir durch einen Zufall gestoßen. Während wir auch sonst üblicherweise in verschiedenen Projektteams an einer Reihe von Studien aus unterschiedlichen Bereichen und Warengruppen parallel arbeiten, hatten wir durch einen Zufall drei unterschiedliche GAP-Zielgruppen-Segmentationen für unterschiedliche Klienten, aber alle aus dem Medienbereich, gleichzeitig in Arbeit.

Damals arbeiteten wir an der Optimierung für den Bertelsmann Buchclub mit seinem riesigen Sortiment von vielen Hunderten von Büchern, Videos und Musik-CD´s. Gleichzeitig hatten wir die Aufgabe, für einen Fernsehsender eine Positionierung zu entwickeln und durch die Optimierung der Programmstruktur im Sinne einer besseren Ausrichtung auf die Bedürfnisse bestimmter Seherschaften die Senderpräferenz weiter zu steigern.

Zusätzlich versuchten wir die Struktur im Markt der Fernsehzeitschriften für einen großen Verlag zu diagnostizieren und deren Angebot zu optimieren. Das war eine besondere Herausforderung, denn alle Fernsehzeitschriften müssen selbstverständlich das jeweils aktuelle Fernsehprogramm umfangreich darstellen, was zu einer enormen Angleichung des Angebotes für den Konsumenten führt.

Bisherige Fernsehzeitschriften hatten bis dahin vor allem durch die redaktionellen Themen im Umfeld, im sogenannten „Mantel“ versucht sich voneinander abzugrenzen, indem sie zusätzlich vermutlich interessanten Themen Platz eingeräumt haben.

Ohne hier im Detail auf die Vorgehensweise im einzelnen einzugehen, war in allen drei Studien der Versuch unternommen worden, sowohl die für die Zielgruppe interessanten Themen abzuklären als auch die vermutlich unterschiedliche Umsetzung im Sinne der Tonality herauszuarbeiten.

Sehr grob vereinfacht zeigte sich in allen drei Fällen eine überraschend ähnliche Struktur der bevorzugten Themen: Es bildeten sich Themengruppen, die enge Zusammenhänge mit einem dahinterstehenden Bedürfnisprofil zeigten.

Spannung, Entspannung und Information

Die Gruppe, welche Entspannung suchte, bevorzugte deutlich Sendungen mit stark emotional aufgeladenen Inhalten wie Liebesgeschichten und Schicksalsromane, sahen im Fernsehen gerne Soap Operas wie Lindenstraße, „Gute Zeiten, schlechte Zeiten“ sowie Unterhaltungs-Quizsendungen wie Wetten daß... Und bei der Musik lag ein eindeutiger Schwerpunkt bei deutschen Schlagern und Volksmusik. Besonders bei Frauen mit besserer Bildung waren außerdem Ratgeber für die tägliche Lebenshilfe von Interesse.

Außerdem gab es eine getrennte, unabhängige Motivations-Struktur, die man am besten mit Spannung umschreiben kann. Das war für uns und den Sender insofern eine neue Information, weil wir bis dahin davon ausgegangen waren, daß Spannung das Gegenteil von Entspannung sei. Etwa vergleichbar, wie naß und trocken oder billig und teuer die gleiche Grunddimension betrifft und nur unterschiedliche Enden des gleichen Faktors beschreibt: Aber das war nicht der Fall.

Personen, die verstärkt auf Spannung aus waren, bevorzugten bei Fernsehprogrammen Sendungen wie Science fiction, Horror, Thriller, aber auch erotische Sendungen. Und Rockmusik. Und Musikvideos. Eine ähnliche Struktur zeigte sich auch bei den verstärkt gekauften Büchern: Thriller, Horror, Science fiction. Und zusätzlich ein starkes Interesse an Comics.

Die dritte Gruppe zeigte wiederum ein völlig unterschiedliches Anforderungsprofil: Sie suchten offensichtlich verstärkt Informationen. Sie kauften vor allem Sachbücher, Lexika. Romane mußten einen konkreten Sachbezug, wenn auch eine fiktive Handlung haben. Diese Konsumenten sahen überdurchschnittlich viel Nachrichten und zusätzlich eine ganze Reihe von Wirtschafts- und Kulturmagazinen. Bei Musik gaben sie an, überdurchschnittlich häufig klassische Musik zu hören und kannten sich auch bei Komponisten und Interpreten erstaunlich gut aus.

Worauf waren wir da gestoßen? Eine Dreiteilung der Verbraucher in drei unterschiedliche Gruppen mit übergeordnet deutlich unterschiedlichen Bedürfnisstrukturen?

Entspannung
Spannung
Information

Wir haben diese Struktur immer wieder überprüft und bestätigt gefunden. Aber alle unsere Untersuchungen zeigten das gleiche Resultat: Spannung und Entspannung sind zwei getrennte, voneinander unabhängige Dimensionen.

Das Gegenteil von Spannung ist für die Zielgruppe nicht Entspannung, sondern Langeweile. Das Gegenteil von Entspannung ist nicht Spannung, sondern eher als gefährlich empfundene Unsicherheit.

So stellte sich für uns die Frage: Ging diese Differenzierung eventuell noch weiter? Gab es vielleicht sogar eine Dominanz in der Benutzung unterschiedlicher Medien? Wir analysierten das Mediaverhalten der drei Gruppen und kamen zu erstaunlichen Ergebnissen:

Die Entspannungsgruppe sieht drastisch überdurchschnittlich häufig Fernsehen.
Die Spannungsgruppe hört deutlich erhöht häufiger Musik.
Die Informationsgruppe liest weit häufiger und mehr.

Vieles deutet darauf hin, das die drei Gruppen jeweils einen unterschiedlichen Schwerpunkt bei den Sinnesorganen hat. Diese Unterschiede bei den Wahrnehmungskanälen sehen, hören und lesen erinnert an die Hypothesen von NLP, dem neuro-linguistischem Programmieren.

NLP ist eine Therapieform, die unter anderem davon ausgeht, daß unterschiedliche Menschen aus bisher nicht völlig geklärten Gründen, jeweils einen Wahrnehmungskanal bevorzugen und verstärkt benutzen. Was nach Meinung der NLP-Therapeuten unter anderem in der sprachlichen Ausdrucksweise sichtbar wird. (Siehe dazu die Bücher: Helmut Krusche „Der Frosch auf der Butter“ und von Peter Ditko, „In Bildern reden“)

Vielleicht gibt es ja tatsächlich die folgende Korrelation zwischen den Grundbedürfnissen, den Medien und den Wahrnehmungskanälen:

1. Entspannung	–	TV	–	Visuell
2. Spannung	–	Musik	–	Audio
3. Information	–	Buch	–	Lesen

Die drei Gruppen waren quasi Heavy user von Fernsehen, Radio und Disks sowie Informationen. Natürlich nicht in einer totalen Ausschließlichkeit, aber doch mit ganz eindeutigen Schwerpunkten. Und auch wenn das gleiche Medium genutzt wurde, zeigten sich deutlich erkennbar die unterschiedlichen Interessen:

Entspannung	Spannung	Information
Soap Operas	Horror	Politik
Liebesfilme	Science fiction	Wirtschaft
Heimatfilme	Thriller	Wissenschaft
Game shows	Spionage	Kultur-Geschichte
Prominente	Video-Clips	Kunst
Königshäuser	Comics	Biographien
Western	Erotik	Sachbücher
Volksmusik	Heavy Metal	Lexika
Deutsche Schlager	Techno, Hiphop	Klassische Musik

SIND WIR AUF EINE ÜBERGEORDNETE STRUKTUR GESTOSSEN?

Ohne die Exklusivität der Forschungsaufträge zu verletzen, kann man sicherlich anhand von einigen kleinen Beispielen sichtbar machen, welche Konsequenzen sich aus diesen Ergebnissen für die konkrete Marketingarbeit ableiten lassen:

Der Fernsehsender konnte allein über die unterschiedlichen Sendeformate und präzisere Ausrichtung seines Angebotes auf die Zielgruppe „Thriller“ die Consumer Satisfaction dieser Sender erhöhen. Für die Zukunft liegen eindeutige Kriterien vor, nach welchen Maßstäben er für seine Zielgruppe Spielfilme einkaufen sollte. Und selbst die Inhalte und Form der Nachrichten-Sendungen wurde verstärkt nach diesen Kriterien ausgerichtet.

Wie weit der Einfluß solcher Informationen reicht, wurde auch am Beispiel Sport besonders deutlich: Ganz offensichtlich erfüllen die verschiedenen Sportarten wie Leichtathletik, Radrennen im Vergleich zu Autorennen oder Wrestling die genannten Kriterien sehr unterschiedlich gut und werden deshalb von der Spannungs-Zielgruppe deutlich unterschiedlich bevorzugt.

Der Fernseh-Zeitschriften-Verlag verfügte zum ersten Mal über ein nachvollziehbares Marktmodell, nach welchen Kriterien die Konsumenten die Programm-Zeitschriften auswählen. Das läßt sich am Beispiel der vierzehntägigen Programmzeitschriften wie TV Spielfilm und TV Movie sehr gut aufzeigen: Was macht den Erfolg dieser neueren Zeitschriften aus?

Sie haben für die Spannungsgruppe ein besseres Angebot hergestellt: Denn sie haben den Programmteil, der für diese Zielgruppe besonders interessant ist, nämlich die Spielfilme besonders gut und ausführlich im Programmteil herausgestellt und mit Empfehlungen ausgestattet.

Und zusätzlich im redaktionellen Mantelteil, der vor dem Programmteil angeordnet ist, über die aufregendsten Filme, z.B. „The Making of Star Wars“ oder „Jurassic Park“, noch einmal ausführlich berichtet. Sie haben sich also auf die Themen konzentriert, die für ihre Zielgruppe besonders relevant ist und haben andere irrelevante Themen weggelassen. Eine Maßnahme, die gleichzeitig den redaktionellen Aufwand überschaubar hält.

Es wäre mit wenig Aufwand zu prüfen, wie wohl eine Fernsehzeitschrift für die beiden anderen Teilmärkte „Entspannung“ und „Information“ optimalerweise aussehen müßte: Jeweils eine spitz(er) positionierte Programmzeitschrift, in der einerseits für die Entspannungs-Zielgruppe oder andererseits für das Informations-Cluster die besonders interessanten Programmteile verstärkt hervorzuheben sind. Entsprechend müßte man sich im redaktionellen Mantelteil verstärkt um genau diese Inhalte kümmern.

Mit hoher Wahrscheinlichkeit wird ein solches Angebot auf höhere

Zustimmung stoßen als die wenig profilierten Positionierungen der Programmzeitschriften mit hoher erlebter Austauschbarkeit. Allemal eine bessere und rentablere Lösung, als sich mit Billig-Angeboten den lukrativen Markt gegenseitig kaputt zu machen.

Und was für Schlußfolgerung könnte man für unseren Buchclub ziehen? Ganz offensichtlich ist man nach dem überwältigenden ersten Erfolg des Buchclubs der Versuchung erlegen, nun den Gesamtmarkt aller Buchleser mit dem einen einzigen Angebot bedienen zu wollen. Systematisch hat man alle anderen Buchclubs aufgekauft und in den bestehenden Bertelsmann Club integriert.

Der Versuch, immer mehr Umsatz und Profit aus dem einen Angebot zu ziehen, hat möglicherweise dazu geführt, daß immer neue, zusätzliche Angebote aufgenommen wurden, die nicht mehr präzise der ursprünglichen Zielgruppe entsprachen. Vergleichbar einem Chinarestaurant, das durch den Erfolg von Fast food-Restaurants beeindruckt zu dem unheilvollen Entschluß kommt, selbst auch Hamburger auf die Speisekarte aufzunehmen. Das Ergebnis: Die ursprüngliche Kernkompetenz wird verwässert.

Die Alternative wäre vielleicht, sich auf die Ursachen des ersten Erfolges zurückzubesinnen und das Angebot so attraktiv und begehrlich zu gestalten, daß neue Mitglieder freiwillig dieses Angebot haben wollen, ohne mit immer größeren Prämien nachhelfen zu müssen.

Vielleicht kann es neben dem Bertelsmann Club ein weiteres, völlig unabhängiges Clubangebot für unsere Spannungsgruppe geben, daß deren Interessen an Thrill durch harte Krimi-Shocker, Science fiction, Horror, Erotik, Comics sowie durch Musik-CDs und Musikvideos und interessante Events wie Rockkonzerte, Camel Trophäe, sowie Urlaubsreisen zu Action-Zielen gebündelt werden. Vielleicht verkauft über das Internet.

Vielleicht können die Informations-Sucher als Heavy User von Sachbüchern mit Vorschlägen versehen werden, wie es die Internet-Buchhandlung amazon bereits erfolgreich macht. In einem Buchmarkt, der durch die vielen Neuerscheinungen und die Unzahl unterschiedlicher Verlage immer unübersichtlicher wird.

Ist es ein Zufall, daß ich statt einzelne Produktkategorien als Beispiel diese Medien herausgesucht habe? Nein. Und das aus zwei guten Gründen:

Erstens ermöglichen es diese Medien, die Bedürfnisstruktur auf einer sehr übergeordneten Ebene zu betrachten. Aber es gibt noch einen zweiten, wichtigeren Grund:

EIGNET SICH DER MEDIENANSATZ FÜR EINE ÜBERGREIFENDE STRUKTUR?

In Medien wie Fernsehen und Zeitschriften wird Werbung geschaltet. Viel Werbung. In einem einzigen Stern rund hundert Anzeigen. In einem Fernsehsender laufen an einem Tag oft hundert, zweihundert Werbespots. Werbung für Produkte wie Lebensmittel, Körperpflege, Geldanlagen, Urlaubsreisen, Autos, Waschmaschinen, Möbel, Fastfood-Restaurants und Einkaufsstätten für Kleidung, Banken, Kaufhäuser.

Alltäglich. Nichts Ungewöhnliches. Aber es steckt ja System dahinter. Denn jeder Werbungstreibende versucht natürlich seine Zielgruppe so effektiv und kostengünstig wie nur möglich zu erreichen. Denn in dem jeweiligen Werbemittel, ob Zeitung, Zeitschrift, Radio oder TV-Sender, versammelt sich ja die Werbung unterschiedlichster Angebote und Marken die innerhalb der Zeitschrift auf immer die GLEICHE Zielgruppe ausgerichtet ist. Zumindest sollte es so nach der reinen Lehre sein.

Oder anders ausgedrückt:

Was würde passieren, wenn man die von uns gefundenen drei Bedürfnisstrukturen nimmt sowie alle Medien und zusätzlich alle geschaltete Werbung für Marken, seien es Produkte, Dienstleistungen oder Einkaufsstätten- und steckt sie in einen Supercomputer, um alle Informationen gleichzeitig zu gruppieren. Also alle Informationen, über die wir bisher verfügen: Was wäre als Ergebnis zu erwarten?

Wir würden gerne mit Ihnen eine Wette eingehen. Unsere Vorhersage würde wie folgt aussehen:

GIBT ES DREI GRUNDGRUPPEN IN DER BEVÖLKERUNG?

Wahrscheinlich bilden sich drei Gruppen: Spannung, Entspannung und Information. Wahrscheinlich zeigt sich eine Präferenz für die einzelnen

Medien, unterschiedlich zwischen den einzelnen Gruppen. Noch krasser differenzieren die einzelnen TV- und Radiosender, Zeitungen und Zeitschriftentitel.

Die verschiedenen Produktkategorien und Dienstleistungen sind in den drei Gruppen stark abweichend voneinander vertreten. Bestimmte Marken konzentrieren sich in einer Gruppe und sind in den beiden anderen fast gar nicht zu finden.

Es ist wahrscheinlich, daß die gefundene Struktur nicht völlig klar abgegrenzt und eindeutig ist. Aber die Abweichungen werden hoch signifikant sein.

Was haben wir getan? Was bedeutet das?

Um weiter springen zu können, sind wir einen Schritt zurückgetreten. Wir haben die Konsequenz gesehen, wenn man Marketing einmal als einen zweckorientierten Ausschnitt der Verhaltensforschung sieht. Es scheint also eine sozio-biologische Struktur zu geben, die ÜBERGREIFEND VERHALTEN bestimmt. Und damit auch die Verwendung und Bevorzugung von Produktkategorien, Dienstleistungen, klassischen Medien und Multimedia sowie Einkaufsstätten möglicherweise bis hin zur Präferenz von Marken beeinflußt.

Das würde zur folgenden vereinfachten Grundhypothese führen: Es gibt eine kleine Anzahl von jeweils weitgehend homogenen Gruppen, die ein übergeordnetes Verhaltensraster haben. Ein solches einheitliches Verhaltensraster würde es Marketing ermöglichen, systematisch integrierte Marken-Konzepte für diese Gruppen zu entwickeln bzw. mit deren Bedürfnis-Strukturen abzugleichen.

EIN ÜBERGEORDNETES MARKTMODELL ENTSTEHT: BRAINCLUSTER

Damit würde ein allgemeingültiges Denk-Schema, also ein Modell entstehen, um eine systematische Anpassung von Konzepten und Angeboten an die bestehenden Bedürfnisse innerhalb der Teilmärkte zu erreichen und so eine bessere Befriedigung von Teilmarkt-Potentialen zu erreichen.

Die Konsequenz ist atemberaubend:

Denn bisher mußten neue Konzepte erst entwickelt und dann immer wieder neu durch Trial & Error auf Akzeptanz und weitere Optimierung abgeprüft werden. Stimmt der Denkansatz, dann liegt jetzt ein Denkraster vor, das systematisch abgeprüft werden kann. Und das haben wir gemacht.

Das Ergebnis:

Offensichtlich scheinen alle Produktkategorien, die nicht über eine totale Käuferreichweite verfügen (wie zum Beispiel Toilettenpapier), sondern nur von einem Teil der Bevölkerung verwendet werden, deutliche Schwerpunkte in jeweils einer der drei Gruppen zu haben.

Zum Beispiel bei Fast food, Sparbüchern, Computerspielen, Haarfärbemitteln, Bier, Jeans, Sekt, Füllhaltern, Zigaretten, Süßigkeiten, etc.

Was in der Regel bedeutet, daß in einem der drei Teilmärkte der Umsatzschwerpunkt liegt. Bei der Spannungsgruppe liegt der Anteil der Raucher bei mehr als dem Doppelten im Vergleich zum Gesamtdurchschnitt. Was natürlich nicht heißt, daß man in die beiden anderen Gruppen keine Zigaretten verkaufen kann. Aber mit hoher Wahrscheinlichkeit mit anderen Argumenten, mit anderen Konzepten. Eben entsprechend ihren anderen Bedürfnis-Strukturen.

Jetzt werden Sie sagen, das erinnert mich sehr an Lifestyle-Konzepte wie sie Leo Burnett in den sechziger Jahren aufgebracht hat. So oder so ähnlich argumentiert doch auch Sinus mit seinen Lebenswelten.

Verhalten und damit die Zukunft vorherzusagen, dieser Wunsch ist wirklich uralt: schon vor Tausenden von Jahren hat man das durch Horoskope versucht. Vergeblich wurde versucht anhand von Körperformen und Charakteren vernünftige Aussagen zu machen. Keiner dieser Ansätze hat den Praxistest wirklich bestanden.

Zwar gibt es immer wieder Anhänger der einen oder anderen Richtung, aber offensichtlich wurden die Prognosen immer im starken Maße durch die selektive Wahrnehmung und die Wirkung der kognitiven Dissonanz verfälscht: Wer findet, daß Hundehalter ihrem Hund verblüffend ähnlich sehen, unterdrückt viele deutlich sichtbare Unterschiede wie zum Beispiel, daß die meisten Hundehalter doch auf zwei Beinen gehen, wenig bellen.

Auch wenn sie manchmal an einen Laternenpfahl pinkeln.

Die Stärke von BrainCluster zeigt sich an zwei entscheidenden Unterschieden:

DIE GRUPPIERUNG GIBT GANZ ÜBERWIEGEND RICHTIGE PROGNOSEN AB.

Und viele gravierende Abweichungen davon lassen sich durch „Systemfehler“ erklären, zum Beispiel damit, daß Werbung eben wegen der bisher fehlenden Information eben nicht optimal in den richtigen Medien und in der Nähe der richtigen Sendeformate plaziert worden ist.

Im Gegenteil, läßt BrainCluster vergleichbar einem Hologramm, in vielen Fällen nicht nur aus der Ursache die Wirkung und vice versa ableiten. Sondern es lassen sich aus einem überraschend kleinen Teilstück Informationen mit hoher Wahrscheinlichkeit eine ganze Reihe richtige Vorhersagen in anderen Bereichen machen. Nicht weil sie in einem direkten Ursache-Wirkungs-Zusammenhang stehen, sondern weil sie durch einen oft nicht direkt sichtbaren ursächlichen Zusammenhang miteinander verbunden sind.

Nun werden Sie zu Recht sagen, es kann doch wohl nicht sein, daß man alle erwachsenen Menschen in Deutschland oder sogar in den europäischen Industrieländern einfach in drei Gruppen einsortiert und damit hat es sich. Selbstverständlich ist die Realität erheblich komplexer. Aber die Unterteilung in zunächst nur drei Grundtypen erleichtert es ungemein, ein schnelles, übersichtliches Bild zu vermitteln.

Um ehrlich zu sein, arbeiten wir intern schon lange mit einer Gruppierung von sechs Teilmärkten, denn so reinrassig, wie ich das Modell dargestellt habe, ist die Welt in Wirklichkeit nicht. Trotzdem bietet die Einteilung in drei bzw. sechs Gruppen eine Menge Vorteile.

Denn neun, elf oder gar dreizehn Teilmärkte sind für die normale Marketingarbeit nur wenig pragmatisch handhabbar. Und vermeidet implizit zwei weitere erhebliche Nachteile: Obwohl durch eine möglichst große Anzahl von Teilmärkten theoretisch die Prognose-Wahrscheinlichkeit ständig zunehmen müßte, scheint das bei allen uns bekannten Segmentations-Modellen nicht der Fall zu sein.

Gravierender fällt allerdings ins Gewicht, daß durch die Aufsplitterung in viele Teilmärkte zwangsläufig die durchschnittliche Clustergröße sinken muß. Das ist insofern für das Marketing von großer Bedeutung, weil wir natürlich an möglichst großen Potentialen interessiert sein müssen.

Dieser Aspekt gewinnt noch dadurch an erheblicher Bedeutung, weil die Analysen vieler unterschiedlicher Warengruppen zeigt, daß in der Regel vier bis sechs Marken weit mehr als fünfzig Prozent des Umsatzvolumens auf sich vereinigen. Und da möchten unsere Kunden schon gerne dazu gehören: Allein schon, weil der Handel mit seinem Category Management immer schneller bereit ist, kleine Marken auszulisten.

BRAINCLUSTER ERMÖGLICHT KONSTRUKTIVE, SYSTEMATISCHE KONZEPTSUCHE STATT TRIAL & ERROR

Ohne eine solche Grundstruktur konnte Marketing bisher immer nur neue Konzepte entwickeln, indem man zunächst als Hypothesen eine oder mehrere neue Konzept-Alternativen entwickelt hat und diese anschließend im Trial & Error auf ihr Potential im Markt geprüft hat.

Gibt es aber eine solche Grundstruktur im Markt, dann müßte sich im voraus überwiegend richtig voraussagen lassen, in welchem Teilmarkt der Schwerpunkt der Warengruppe wohl seinen Umsatz macht. Und aufgrund der umfassenden Kenntnis dieser Gruppe müßten sich Konzepte entwickeln lassen, die eine weit überdurchschnittliche Erfolgschance haben.

Neben der erfolgreichen Entwicklung eines Grundkonzeptes für jede Kategorie müßten sich auch modifizierte Konzepte für die beiden „Nebensegmente" ableiten und sich entsprechend ihrer Bedürfnisstruktur adjustieren lassen.

Am Beispiel eines Buchclubs demonstriert, müßte es demnach drei unterschiedliche Clubangebote geben:

1 Einen Buchclub für die Entspannungs-Zielgruppe, der einen Schwerpunkt bei klassischen Liebesromanen hat und daneben Ratgeber, Koch- und Kinderbücher vermarktet. Daneben lassen sich sicherlich Videos mit gleichen Inhalten vergleichbar den Büchern und stark

emotionalen Charakter und eine deutsche Schlagermusik verkaufen, die den Wunsch nach „heiler Welt" befriedigt.

2 Einen Buchclub für das Spannung-Potential, der auf das Bedürfnis nach starken, schnellen Reizen eingeht und eine Identifikationsfläche für fast unrealistische Helden bietet: Der Retter der Welt, der harte und krasse Abenteuer zu bestehen hat. Egal ob im Science fiction, Horror- oder Spionagebereich. Diese Gruppe braucht bei Musik harte Rhythmen und große Lautstärke. Und wird dafür sicherlich selbst im Auto viel Geld für harte Bässe ausgeben.

3 Einen Buchclub für die Informationsgruppe, die durch Sachbücher über Kulturgeschichte, Wissenschaft, Wirtschaft und Soziologie, Kunst, Geschichte und Archäologie, usw. zu begeistern ist, vorausgesetzt der Stoff ist leicht lesbar und interessant aufbereitet. Diese Gruppe ist immer auch an dem Hintergrund und den Zusammenhängen interessiert.

Worauf ich hinaus will: Mit dem entsprechenden Hintergrundwissen zu den einzelnen drei Zielgruppen-Potentialen kann man spüren, wie mit hoher Wahrscheinlichkeit ein Angebot modifiziert werden muß, damit es der Bedürfnisstruktur eines anderen Segmentes besser entspricht. So läßt sich eine Konzeptsuche erheblich verkürzen, weil man die vielen sonst noch denkbaren Alternativen in einem sehr frühen Stadium quasi ausschließen kann.

IV. TEIL:

MÖGLICHE WIRKUNGS-URSACHEN VON BRAINCLUSTER

04.

MÖGLICHE WIRKUNGS-URSACHEN VON BRAINCLUSTER

GEHIRNGESTEUERTES VERWENDUNGSVERHALTEN: DIE HINTERGRÜNDE.

Wir haben uns bisher immer darum gekümmert, die Angebote als Lösungen für die Bedürfnisstruktur der Verbraucher zu sehen. Durch die Diagnose dieser Bedürfnisstrukturen haben wir eine Problem-Lösungs-Kette und damit eine Ursache-Wirkungs-Kette zwischen dem Anforderungsprofil und den Angeboten im Markt hergestellt.

Das hat genau die Fragestellung des Klienten gelöst.

Aber wenn wir einmal darüber hinaus gehen und uns die Frage stellen: Was steuert wiederum die Bedürfnisstruktur, dann kommen wir vielleicht auch auf einmal zu völlig neuen Antworten.

Schon seit langem haben wir Marketing eigentlich als eine besondere Anwendungsform der Verhaltensforschung gesehen. Wir sind davon ausgegangen, daß jedes Verhalten, also auch die Verwendung von Produktkategorien und Dienstleistungen von der Nützlichkeit bestimmt wird: Das was wir konstruktiven Egoismus nennen.

Einen Egoismus, der mittelfristig durch die Abhängigkeit innerhalb der sozialen Gruppe und den vergleichbaren Ansprüchen der anderen Gruppenmitglieder begrenzt wird. Und wenn man Marketing ganz nüchtern nur als Verhalten sieht, dann muß es auch genauso gesteuert werden wie unser restliches Verhalten.

Und was steuert unser Verhalten: Das Gehirn.

DREI GEHIRNE STATT EINES IN JEDEM MENSCHEN

Höchstwahrscheinlich wird sich jedem Neuro-Physiologen der Magen umdrehen, wenn ich nun versuche mit möglichst einfachen Worten und sicher unglaublich verkürzt zu beschreiben, was für mein Denkmodell wichtig zu wissen ist.

Vereinfacht ausgedrückt haben wir nicht nur ein Gehirn, sondern drei Gehirne. Diese Gehirne haben sich evolutions-geschichtlich nacheinander entwickelt und unterscheiden sich in struktureller und chemischer Hinsicht erheblich voneinander, denn sie haben völlig unterschiedliche Aufgaben.

Jedes dieser drei Gehirne hat eine eigene „Sprache", eine eigene Intelligenz und ein eigenes Gedächtnis. Die Gehirne sind zwar miteinander verknüpft, aber scheinen gleichzeitig weitgehend unabhängig voneinander zu operieren. Darin liegt möglicherweise einer der Gründe, warum wir so häufig in Konflikten zwischen vernünftigen, verstandesmäßigen und emotionalen, intuitiven Entscheidungen sind.

BESCHREIBUNG DER DREI BRAINCLUSTER-GRUNDTYPEN

Unterstellen wir einmal, daß es tatsächlich drei Grundtypen von Menschen gibt, die durch die Dominanz jeweils eines der drei Gehirne in ihrem Verhalten geprägt sind. Wie kann man sich typische Vertreter dieser Gruppen dann vorstellen? Was würde jeden typischen Vertreter in seinem Verhalten von den anderen unterscheiden? Gibt es tatsächlich bestimmte Schlüssel-Informationen, woran man sie schnell klassifizieren und erkennen kann?

Lassen Sie mich ein scheinbar willkürliches Bild von jedem dieser drei Grundtypen herstellen. Natürlich kann und soll es nicht vollständig sein, sondern Ihnen ein Bild, ein Gefühl vermitteln. Vergleichbar den „Verhaltens-Trauben" wie man sie von der Diagnose der Körpersprache kennt. Bis so viele in die gleiche Richtung deutende Indizien zusammenkommen, daß man mit hoher Wahrscheinlichkeit eine richtige Diagnose stellen kann.

Damit wir die Grundtypen leichter voneinander abgrenzen können, sollten wir ihnen Schlagworte als Namen geben:

Entspannung	für die Stammhirn-Dominanz
Spannung	für die Zwischenhirn-Dominanz
Information	für die Großhirn-Dominanz

Ob eine solche Gruppierung in drei Hirntypen richtig ist? Ich weiß es nicht. Ich kann aber aus eigener Erfahrung sagen, daß wir und unsere Kunden sehr erfolgreich danach gearbeitet haben, nachdem das Modell einmal verstanden ist. Denn die Vorteile liegen auf der Hand: Es ist überschaubar. Leicht handhabbar.

Und wenn es gelingt damit das Verhalten von Verbrauchern ganz überwiegend richtig zu prognostizieren, dann müssen wir irgend etwas richtig machen. Schließlich weiß man auch bei mehr als der Hälfte der heute verwendeten Medikamente nicht genau, WARUM sie wirksam sind. Hauptsache sie sind WIRKSAM!

Und die bisher durchgeführten Untersuchungen zeigen, daß gleiche Struktur in allen europäischen, höchstwahrscheinlich zumindest allen westlichen Industrieländern zu finden sind.

DREI GEHIRNE BEI DER ARBEIT

Bisher haben wir im Markt-Wirkungs-Modell über Needs das Verwendungsverhalten und die Markenwahl aufgeklärt: Nun stellt sich auf einmal die Frage: Aber was steuert die Bedürfnisstrukturen des Verbrauchers? Diese Frage scheint einfach zu beantworten: Das Gehirn steuert Needs und damit Verhalten.

Das Gehirn ist unser Überlebensorgan. Einzig und allein dazu entwickelt, um unsere Überlebenschancen drastisch zu erhöhen. Hier sind noch einmal die wichtigsten Informationen, die wir über unser Gehirn im Zusammenhang mit Marketing wissen sollten:

Das Gehirn ist ein Überlebens-Hilfsorgan
Das Gehirn lernt Relevantes extrem schnell
Das Gehirn ist empfindlich für Neues
Das Gehirn speichert alle Erfahrungen

Das Gehirn bewertet durch Vergleich mit Bekanntem
Das Gehirn braucht Gründe für Verhalten
Das Gehirn prüft Plausibilität statt Beweiskraft
Das Gehirn nutzt Logik für Alternativen
Das Gehirn nutzt Emotion als Entscheidungshilfe
Das Gehirn nutzt starke Gefühle als Erinnerungs-Verstärker
Das Gehirn ist in mehrere Unterabteilungen aufgeteilt

Obwohl unser Gehirn bei allen Menschen, aller Rassen, sehr ähnlich aufgebaut ist, erleben wir subjektiv das Gefühl, der Herr unserer Entscheidungen zu sein. Wir glauben fest daran, über freien Willen zu verfügen und uns weitestgehend unabhängig in allen Fällen dafür oder dagegen entscheiden zu können. Rühmen unseren freien Willen als eines der wichtigsten Merkmale in Abgrenzung gegenüber den Tieren.

Aber wenn wir unser Verhalten einmal etwas genauer untersuchen, stellen wir fest, daß unser Verhalten in vielen, vielen Fällen erschreckend gleichförmig verläuft: Lassen Sie mich als krasses Beispiel einfach einmal die Zeit der Pubertät herausgreifen. Durch die Veränderung in der Hormonstruktur entstehen innerhalb kurzer Zeit sowohl erhebliche Veränderungen im körperlichen und emotionalen Bereich.

Ändern sich Verhaltensweisen und Interessen. Und zwar überraschend gleichförmig bei allen Jugendlichen. Und zwar so einheitlich, daß selbst das Leseverhalten der Zeitschrift „Bravo" mit immer gleichen inhaltlichen Themen eine sich ständig wechselnde Personengruppe über mehr als vierzig Jahre lang erfolgreich ansprechen kann.

Kein Zweifel: Jeder Jugendliche erlebt die Pubertät als seine ganz persönliche, individuelle Erfahrung. Aber mit etwas Abstand betrachtet, sieht das Verhalten verallgemeinert doch ziemlich gleichförmig aus.

Individuelles Verhalten: Subjektiv ja. Objektiv nein.

Was aber, wenn diese weitgehende Gleichförmigkeit sich vielleicht viel stärker durch unser ganzes Leben zieht, als wir es bisher wahrnehmen und vielleicht auch wahrhaben wollten?

Aber es gibt doch deutliche Unterschiede zwischen den einzelnen Menschen, werden Sie zu Recht jetzt einwerfen. Unbestritten. Aber vielleicht gibt es doch, vergleichbar wie es offensichtlich Angleichungen von Situationen in bestimmten Lebensphasen gibt, auch bestimmte homogene Grundtypen zwischen den Menschen.

So wie es ganz offensichtlich auch zwischen Männern und Frauen, sozio-biologische Unterschiede gibt. Und das völlig wertfrei. Und im positiven Sinne: Als bessere Lösung, um im Leben zu bestehen und die Art zu erhalten.

WORUM KÜMMERT SICH DAS GEHIRN?

Das Gehirn ist das zentrale Organ, das unsere Überlebensfähigkeit organisiert. Sozio-biologisch muß es auf alle wesentlichen Kriterien reagiert haben:

Auf die Erfahrungen der Vergangenheit
Auf die Gegenwarts-Situationen
Auf Überlegungen über die Zukunft
Auf die Unterschiede zwischen den Geschlechtern
Auf Unterschiede in den Lebensphasen
Auf „kulturelle" Unterschiede, was auch immer diese genau sind.

Wenn man sich mit dem Gehirn, der Entwicklung und dem Aufbau auseinandersetzt, zeigt sich, stark vereinfacht, daß wir gar nicht über ein Gehirn, sondern gleich über mindestens drei Gehirne verfügen. Diese drei Gehirne haben offensichtlich im Laufe der Entwicklung immer neue, komplexere Aufgaben übernommen.

DAS ÄLTESTE IST UNSER STAMMHIRN.

Es regelt das Überleben. Hier sitzen unsere Urinstinkte, unsere Begierden, die inneren Programme, die uns am Leben erhalten: essen, vermehren, etc. Das Stammhirn ist eher vergangenheits-orientiert. Es beruft sich auf „Erfahrungen", die weit über unsere eigene Lebenserfahrung hinausgehen. Das Stammhirn läßt uns an Traditionen und Werten festhalten, die wir von unseren Vorfahren übernommen haben.

Das Stammhirn ist an der Vergangenheit orientiert.

Neben der Orientierung an überkommenen Werten ist unser Stammhirn auch dafür zuständig, daß wir friedlich mit anderen Menschen existieren. Unser Stammhirn hilft uns, harmonisch und freundlich mit anderen zu leben, Familien zu gründen, Kinder aufzuziehen, Vereinen beizutreten und den Schwachen zu helfen.

Das Stammhirn möchte in Harmonie schwelgen. Und die Unsicherheit von Neuem und Fremden, also unbekannte Risiken, vermeiden.

DAS ZWISCHENHIRN

Das Zwischenhirn ist das nächste Gehirn, das sich entwickelte. Es entstand wahrscheinlich zu der Zeit, als sich die Säugetiere entwickelten. Häufig wird es auch „limbisches System", „Riechhirn" oder „Raubtierhirn" genannt.

Das Zwischenhirn ist an der Gegenwart orientiert, statt an der Vergangenheit. Damit man in der Gegenwart sinnvoll handeln kann, braucht man die Eindrücke und Informationen der Sinne. Nur dann kann man blitzschnell erkennen, was in der aktuellen Situation zu tun ist: flüchten oder angreifen, kämpfen oder rennen.

In jedem von uns steckt auch ein Raubtier. Wir reagieren aggressiv, wenn wir uns bedrängt, geärgert oder angegriffen fühlen. Wir verteidigen unseren Besitz und unser Revier gegen Eindringlinge.

Das Zwischenhirn läßt uns um unsere „Rechte" kämpfen, läßt uns nach dem Eigentum anderer schielen und verlockt uns, anderen das abzujagen, was wir ihnen gerne wegnehmen möchten. Das können materielle Werte sein, der Rang in der Hackordnung als Position im Beruf oder der Partner eines anderen. –

Das Zwischenhirn läßt uns Kämpfen.

DAS GROẞHIRN

Das Großhirn ist das dritte und jüngste Hirn. Nur Menschen (und Primaten) haben ein wirklich gut entwickeltes Großhirn. Mit seiner Hilfe können wir abstrakt denken, zum Beispiel uns mit der Zukunft auseinandersetzen.

Wir denken – vermutlich anders als die meisten Tiere – über uns selbst und über die Zukunft z.B. den Tod nach. Wir entwickeln Strategien und Pläne wie wir unsere Lebensziele erreichen z.B. reich und mächtig werden können, unseren Lebensabend absichern und lange gesund bleiben.

Um solche Zukunftsperspektiven entwickeln zu können, muß man bisherige Informationen sammeln und in eine abstrakte Beziehung zu den möglichen Auswirkungen setzen können:

Wenn ich eine Handlung XY mache, was ist dann die Konsequenz ...?

Denken wird so zum Probehandeln.

ZUSAMMENFASSUNG DER DREI GEHIRNE

Das bedeutet in der Zusammenfassung: Wir haben drei Gehirne, die entwicklungs-biologisch völlig unterschiedliche Aufgaben zu lösen haben. Das Stammhirn orientiert sich an der Vergangenheit und läßt uns an Bewährtem festhalten. Das Zwischenhirn orientiert sich an der Gegenwart und reagiert spontan auf Sinnes-Reize und Veränderung. Das Großhirn orientiert sich an der Zukunft und hilft uns dabei, Möglichkeiten zu durchdenken und die Konsequenzen vorher abzuschätzen und abzuwägen.

Vielleicht sind Ihnen bei der Schilderung der Gehirne auch verschiedene Bekannte durch den Kopf gegangen. Denn es scheint so, daß nicht jeder Mensch in gleicher Weise von seinen Gehirnen gesteuert wird. Es gibt Menschen, die extrem stark an Bewährtem festhalten und versuchen alle Neuerungen zu vermeiden. Denken Sie an den CDU-Wahlkampf-Slogan: „Keine Experimente!“

Andere jagen in ihrem aufgemotzten Golf-GTI die 3er BMW´s, hören häufig dröhnend harten Beat und bestehen so manche Mutprobe nicht nur im Straßenverkehr: „Denn sie wissen nicht was sie tun?!“

Und wieder andere ziehen sich zurück und lesen, grübeln, tüfteln und suchen nach immer optimaleren Lösungen. Natürlich sind diese eindimensionalen Ausprägungen völlig überzeichnet und kommen in solch „reiner“ Form kaum vor. Aber vielleicht hilft es die Struktur durch etwas Übertreibung klarer zu machen.

ZWEI TRAININGSLÄUFE FÜR JEDES GEHIRN:

Viele Psychologen gehen davon aus, daß jeder Mensch diese drei Hirnstadien in den wichtigsten, prägenden Lebensabschnitten zweimal durchläuft:

1. Wenn man als Baby auf die Welt kommt, geht es zunächst einmal ums nackte Überleben: Das Stammhirn ist aktiv. Es kümmert sich zentral darum, sicherzustellen, daß das Baby seine Grundbedürfnisse befriedigt bekommt: Nahrung, Zuwendung, Schlaf, Sauberkeit und Umweltreize. Höchstwahrscheinlich erlebt ein Baby noch sich selbst und die Mutter als eine gemeinsame Einheit. (Stammhirn-Phase)

Erst langsam lernt das Kind sich als eigenständige, zunehmend unabhängige Person zu begreifen. Zwei bis drei Jahre später steuert das Zwischenhirn in die Trotz-Phase: „Nein, ich will nicht." Das Kleinkind wird zunehmend selbständig. So erkämpft sich das Kind seinen eigenen Platz innerhalb der Familie und grenzt sich zunehmend von Eltern und anderen Personen ab. (Zwischenhirn-Phase)

Und noch einige Jahre später kommt das Kind in das Fragealter, will alles wissen und allem auf den Grund gehen: Dank dem Großhirn.

2. Im nächsten Schritt entwickelt sich das Kind zum Erwachsenen. Unmittelbar vor der Pubertät werden viele Kinder besonders liebebedürftig und anschmiegsam. Sie brauchen die Eltern und andere Kinder. Der Teddy ist besonders wichtig. Sie wollen am liebsten in die Welt hinaus: Drachen und Ritter besiegen. Diese Märchenwelt ist wieder vom Stammhirn geprägt.

Danach kommt der zweite Härtetest für die Eltern: Die Pubertät macht die süßen Kuschelkinder vom letzten Jahr zu Rebellen: Schlecht gelaunt. Großkotzig. Nervend. Aggressiv. Die Jugendlichen entdecken, daß die „Alten" bescheuert sind. Mit den Lehrern gibt es Ärger. Mit Geschwistern wird gezankt. Mit Kumpanen gibt es Schlägereien. Das Zwischenhirn läßt grüßen.

Aber auch diese Phase geht vorbei: Der Nachwuchs kommt zur Vernunft. Plant auf einmal Studium und Berufswahl. Informiert sich über Karriere und Zukunftsaussichten: Das Großhirn tüftelt über Möglichkeiten der Weltverbesserung und das eigene Lebenskonzept.

Damit ist die zweite Runde des Gehirn-Trainings abgeschlossen: Der Mensch ist erwachsen. Aber es scheint so, als ob der Mensch unterschiedlich positive Erfahrungen aus diesen Gehirn-Trainings mitgenommen hat und nun, ohne daß es ihm selbst bewußt ist, die für ihn besonders erfolgreichen Phasen verstärkt benutzt.

BESTIMMEN DIE TRAININGSERFAHRUNGEN DIE HIRNDOMINANZEN?

Vielleicht leben manche Menschen mehr durch das Stammhirn gesteuert. Sie sind stärker traditionell orientiert und passen sich den gesellschaftlichen Normen an. Sie haben oft den Vorteil, daß sie sehr harmonisch mit anderen Menschen leben und auf einen großen Freundeskreis Wert legen.

Andere sind eher Zwischenhirn gesteuert und agieren eher kämpferisch. Bei Schwierigkeiten werden sie leichter aggressiv und achten empfindlich darauf, daß ihnen niemand zu nahe tritt oder etwas beansprucht, was sie für sich reklamieren.

Großhirngesteuerte Menschen können sich stundenlang allein beschäftigen: Software installieren, Sachbücher lesen, Zusammenhänge und die Auswirkungen interessieren sie in fast jedem Zusammenhang.

Wohlgemerkt, hier geht es um Hirndominanzen. Es geht nicht um die Frage von Intelligenz. (Intelligenz ist das, was ein Intelligenztest zu messen vorgibt). Intelligenz bezieht sich offensichtlich eher auf die Anwendungs-Möglichkeiten und die Fähigkeit zur Wissensverknüpfung.

MEHR DETAILS ZU DEN DREI GEHIRNEN

Wenn Sie an Verhaltensforschung nicht besonders interessiert sind, überschlagen Sie einfach dieses Kapitel. Sie werden für die Anwendung des BrainCluster-Ansatzes nichts Wesentliches verpassen. Ich möchte nur die Gelegenheit nutzten, um etwas mehr Hintergrund aufzuzeigen, welches das Verhalten der einzelnen Gehirntypen auch aus biologischer Sicht leichter nachvollziehbar macht.

DAS STAMMHIRN

Das Stammhirn wird von vielen Wissenschaftlern auch das „Reptilienhirn" genannt, weil es der älteste Teil des Gehirns ist. Das Stammhirn bündelt alle Informationen, die vom Körper zum Gehirn laufen und umgekehrt: Es dient der Selbst- und Arterhaltung. Biologische Vorgänge wie Stoffwechsel, Blutkreislauf, Herzschlag, Atmung und Schlaf werden von hier aus gesteuert.

Dazu kommen alle Verhaltensmuster die dem Überleben des einzelnen Tieres oder der Art insgesamt dienen: Nahrungssuche, Fortpflanzung, Brutpflege, Abgrenzung von Gebietsansprüchen, Bildung von Hierarchien, Gruppenverhalten. Auch alle automatisierten Handlungsabläufe wie Radfahren, Skilaufen und Autofahren werden von diesem Teil des Gehirns gesteuert. Damit die lebenswichtigen Funktionen des Menschen auch tatsächlich immer erhalten bleiben, werden viele dieser Funktionen zum Beispiel auch bei einer Narkose nicht abgeschaltet.

In Verbindung mit dem Stammhirn stehen auch unsere Bedürfnisse nach Sicherheit und einem vertrauten Lebensraum, unseren ganz alltäglichen Routinen. Einschneidende Veränderungen unserer Lebensbedingungen werden als Verunsicherung erlebt.

Das Reptilienhirn greift auf angeborene Steuerungs-Mechanismen und Instinkte zurück, denn das Stammhirn ist auf individueller Basis nur äußerst begrenzt lernfähig. Es greift also bei seinen „Entscheidungen" oder besser ausgedrückt seinen „Reaktionen" auf vergangenheits-bezogene Präzedenzfälle zurück. Wegen dieser Vergangenheits-Orientierung erlebt das Stammhirn die Umwelt und besonders jede Veränderung als feindlich.

Als angenehm werden alle Rituale, die routiniert verlaufen erlebt: Schon der Entzug von gewohnten Abläufen zum Beispiel im Urlaub kann als diffus unangenehm erlebt werden. Dementsprechend ist die starke Ritualisierung bei allen Kulthandlungen wie z.B. beim Gottesdienst von großer Wichtigkeit. Da das Reptiliengehirn keine Sprache versteht, kann man auch seine Verhaltensweisen nicht über verbale Kommunikation ändern. Es ist eindeutig gefühlsbestimmt.

DAS ZWISCHENHIRN

Das Zwischenhirn wird auch als „Säugetierhirn“ oder Geruchshirn bezeichnet. Entwickelt hat es sich als Fortentwicklung vom Meeres- zum Landbewohner und kommt bei allen Säugetieren vor. Diese Veränderung stellte völlig neue Aufgaben an die Lebewesen: Man vermutet, daß die Entwicklung stark mit der Aufzucht des Nachwuchses zusammenhängt.

Das Säugetierhirn ist gegenwartsbezogen: Alle Informationen bekommen eine spezifische Bedeutung zugewiesen. Insofern ist es auch an der Entstehung und Entwicklung der persönlichen Identität beteiligt. Hierbei spielen Gefühle eine große Rolle, denn die eingehenden Informationen werden gefühlsmäßig so getönt, daß eine für das Überleben des einzelnen und der Gattung möglichst effektive Reaktion erfolgt. So reagiert der Mensch auf Gefahrensituationen mit Angst oder Aggression.

Wie diese starke Emotion aussieht, bestimmt die Umgebung. Besonders deutlich wird das beim Affen: Sind sie von Artgenossen umringt, die unter ihnen stehen, so werden sie aggressiv. Handelt es sich um höherstehende Affen, werden sie unterwürfig.

Interessant ist vielleicht noch, daß der Geruchssinn im Zwischenhirn angesiedelt ist und dadurch keiner Kontrolle oder „Zensur“ durch das Großhirn unterworfen ist. Das führt dazu, daß die Erinnerung an Gerüche unmittelbar Assoziationen mit damit verbundenen Situationen und Gefühlen auslösen können.

DAS GROßHIRN

Das Großhirn wird auch Neocortex also „Neuhirn“ genannt und ist nicht nur das größte, sondern entwicklungs-geschichtlich jüngste Teil des Gehirns. Im Großhirn befinden sich alle höheren geistigen Fähigkeiten, also Sprache und Logik sowie sein gesamtes Vorstellungsvermögen.

Außerdem treffen wir hier auf die Fähigkeiten zum Erkennen von Form und Gestalt sowie die zur Abstraktion, also symbolischen Informationen: Der Mensch, vielleicht auch im begrenztem Umfang auch einige Tiere, sind fähig, sich von der äußeren Realität zu lösen. Damit vereinigt das Großhirn alle Funktionen, die vorausschauendes Denken und Planen ermöglichen und ist deshalb zukunftsbezogen. Im Großhirn ist das Sehzentrum, das motorische Sprachzentrum, das Hörzentrum und das Langzeitgedächtnis angesiedelt.

ZWEI GROßHIRNE: ZWEI HIRNE MIT UNTERSCHIEDLICHEN FUNKTIONEN.

Wichtig ist in diesem Zusammenhang noch, daß das Großhirn von oben betrachtet vergleichbar einer Walnuß in zwei spiegelbildliche Teilbereiche unterteilt ist, die durch eine Nervenbrücke miteinander verbunden sind. Verletzungen einer der beiden Gehirnhälften machten deutlich, daß sie die jeweils gegenüberliegende Körperseite steuerten.

Die beiden Gehirnhälften scheinen darüber hinaus unterschiedliche Aufgabenschwerpunkte zu haben: Die linke Hälfte kümmert sich um lineare, schrittweise Analyse, während die rechte Gehirnhälfte mehr auf simultane oder parallele Verarbeitung, also mehr auf die Synthese von Informationen eingestellt ist.

Eine Schädigung der linken Hirnhälfte führte meistens zum Verlust oder Beeinträchtigung der Sprache sowie der Fähigkeit zu rechnen und logisch zu denken. Ein Schädigung rechts dagegen störte die Raumerfassung, Gesichter den zugehörigen Personen zuzuordnen oder auch nur sich anzuziehen.

Wenn wir im bewährten Muster das übertreibend darstellen müßten, könnte man es folgendermaßen zusammenfassen:

DER LINKSHIRNIGE TYP

Der linkshirnige Typ neigt dazu die Signale der rechten Gehirnhälfte zu überhören und löst seine Probleme logisch, analytisch und Schritt für Schritt. Dabei bevorzugt er Zahlen und Fakten in möglichst logischer Abfolge. Er wird Berufe und Interessensgebiete bevorzugen die in den Bereich von Wissenschaftler, Jurist, Technik, Finanz- und Rechnungswesen liegen.

DER RECHTSHIRNIGE TYP

Der rechtshirnige Typ löst seine Probleme intuitiv und mit Gefühl für die „Ganzheit". Er bevorzugt Konzepte, die offen für Entwicklungen sind und interessiert sich für Musik, Kunst und Psychologie. Daß dieser Ansatz auch erhebliche Stärken hat, läßt sich an dem Satz: „Ein Bild sagt mehr als tausend Worte" deutlich machen.

Die Forschung zeigt, daß Männer häufiger linkshirnige Typen sind und Frauen sich häufiger rechthirnig verhalten. Damit ist keinerlei Wertung verbunden. Sicher ist nur, daß zwischen den Geschlechtern offenbar unterschiedliche Wege benutzt werden, um mit den Problemen des Alltags fertig zu werden. (Siehe BrainSex und Männer sind anders...).

In unserer westlichen Kultur wurde mit der Einführung des „mechanistischen Weltbildes" das linkshirnige Vorgehen mit seinem logisch-analytischen Ansatz als besser gewertet und seitdem in unserem Schul- und Bildungssystem bevorzugt gefördert. Dementsprechend sind Wissenschaft und Technik in den letzten Jahrhunderten explosionsartig vorangekommen und haben das materialistische Weltbild selbstverstärkend beeinflußt. Und vielleicht auch gerade dadurch die Position der Frauen in unserer Kultur benachteiligt.

DAS IDEAL: DER GANZHIRNTYP.

Alles deutet darauf hin, daß viele der überdurchschnittlich erfolgreichen Menschen zu einer eher ausgewogenen, eben nicht völlig einseitig ausgerichteten Nutzung ihrer Hirnfunktionen neigen.

Und einiges läßt vermuten, daß man die Dominanz einer einseitigen Hirnprägung zumindest teilweise durch Training reduzieren und ausgleichen kann. Empfohlen wird aber zum Beispiel bei Arbeitsgruppen, zumindest sicherzustellen, daß alle Typen vertreten sind, auch auf die Gefahr hin, daß die unterschiedlichen Weltbilder möglicherweise durch Unverständnis der anderen Positionen zu Mißverständnissen und Konflikten innerhalb der Gruppe führen können.

HÄUFIGER KONFLIKT IN EINER PERSON: RATIONALES UND EMOTIONALES

Aus dem Konflikt zwischen den verschiedenen Gehirnen erklärt sich vielleicht so mancher Konflikt mit dem wir im alltäglichen Leben zurechtkommen müssen: Denn oft genug treibt uns das starke, konkrete Bedürfnis nach sofortiger Bedürfnis- und Lustbefriedigung, obwohl uns die Vernunft sagt, daß das zu langfristigen Problemen und Konflikten führen wird: „Du sollst nicht begehren, deines nächsten ...“.

Soll man die verlockenden Süßigkeiten noch naschen, obwohl einem durchaus klar ist, daß man damit seine gerade angefangene Diät ad absurdum führt?

Soll man die Zigarette rauchen, obwohl man genau weiß wie ungesund das ist? Den Seitensprung wagen, obwohl man erwischt werden könnte und die bestehende Beziehung aufs Spiel setzt? Soll man seinen Emotionen freien Lauf lassen, wenn man eifersüchtig ist und seinen Nebenbuhler ermorden?

Die Problematik wird nicht nur im Zusammenhang mit dem Problem der „aufgeschobenen Belohnung“ sichtbar, sondern stellt zu Ende gedacht die grundsätzliche Annahme unseres Strafrechtes in Frage, ob wir tatsächlich so selbstverständlich Herr unserer Sinne und voll verantwortlich für unser Verhalten sind.

DIE FUNKTION VON RATIONALITÄT UND EMOTIONEN.

Obwohl es auf den ersten Blick so scheint, als ob rein rationales Verhalten immer die beste Lösung bietet, muß man sich ja fragen, welche Aufgabe denn dann die Emotionen überhaupt haben?

Vielleicht ist der Ablauf ja doch sinnvoll organisiert: Die rationale, kühl überlegte Vorgehensweise schafft uns (hoffentlich) eine Reihe von Alternativen. Aber die Alternativen stehen mit ihren Vor- und Nachteilen genau genommen wertfrei nebeneinander.

Vielleicht ist es so, daß über die Emotionen ein Bewertungmaßstab für die Alternativen eingeführt wird, die überhaupt erst eine Entscheidung möglich machen. Und so vermeidet, daß man weiterhin immerzu unentschieden vor den verschiedenen Möglichkeiten stehen bleibt.

Das würde bedeuten, daß Emotionen im Grunde ein Entscheidungs-Wertesystem für die Alternativen darstellen. Dabei sind die meisten Entscheidungsabläufe der Person nicht bewußt: Sie fallen eher intuitiv. Wie haben Sie Ihren Lebenspartner ausgewählt? Eine durchaus wichtige Entscheidung. Ihren Beruf? Ihr Getränk? Ihre Automarke?

Wäre es da so unwahrscheinlich, daß die gelernten Erfahrungen Ihres Gehirnes darauf einen großen Einfluß nehmen. Und daß diese Erfahrungen durch den Einfluß der Sinnesorgane zu einer sehr unterschiedlichen Wahrnehmung der Welt (Watzlawik: Wie wirklich ist die Wirklichkeit) führen und so unterschiedliche Verhaltensgruppen, BrainCluster eben, ausbilden.

Mit unseren Methodenbausteinen wie das K&A Psychodrama versuchen wir, eingeschränkt auf eine Warengruppe, genau diese faktischen und emotionalen Verhaltensmuster zu erkennen und besser zu verstehen. Und diese nach der Diagnose über bestimmte Forschungssysteme meßbar zu machen und innerhalb einer Stichprobe des Potentials zu gewichten. Und das ist uns auch bisher immer gelungen.

Was uns aber fehlte, war ein Verständnis darüber, welchen Beitrag die einzelnen Warengruppen oder Dienstleistungen für den absoluten Endbenefit der einzelnen Personengruppen geliefert hat. BrainCluster kann dazu, vielleicht zum ersten Mal eine nachvollziehbare Erklärung liefern.

V. TEIL:

SOZIALISIERUNG ALS URSACHEN-HYPOTHESE VON BRAINCLUSTER

05.

SOZIALISIERUNG ALS URSACHEN-HYPOTHESE VON BRAINCLUSTER

BRAIN AT WORK: FOOD, SEX AND POWER

Auch auf die Gefahr aufgrund einer aberwitzigen Vereinfachung gründlich mißverstanden zu werden, möchte ich wegen der faszinierenden Einfachheit des Gedankens, einmal versuchen, das Überlebensprogramm des Menschen in drei Schlagworten verdichten. Und anschließend kurz zu erklären: Food, Sex und Power.

AUF INDIVIDUELLER EBENE: FOOD AND SEX

Durch evolutionäre Programme gesteuert, versucht der Mensch wie alle anderen Arten auch durch konstruktiven Egoismus („The selfish gene" von Richard Dawkins) seine Art zu erhalten und die Überlebenschancen zu verbessern.

Unser in den Genen festgeschriebenes Programm versucht die Chancen des Einzelindividuum seiner Art dadurch zu verbessern, daß er im Wettbewerb zu allen anderen Arten und seiner eigenen Spezies versucht, mit so wenig Aufwand wie nur möglich über ausreichend Nahrung zu verfügen und so die körperlichen Voraussetzungen von der Erhaltung der Art über Sex herzustellen.

AUF SOZIALER EBENE: POWER

Der Mensch ist als Gruppentier in einen sozialen Kontext eingebunden. Im Laufe der Evolution hat sich herausgestellt, das der Mensch innerhalb der Gruppe offensichtlich eine erheblich besser Chance hat, seine Art und damit seine individuellen Gene zu erhalten und zu vermehren.

Viele Forschungsergebnisse deuten darauf hin, daß für den Menschen als „Gruppentier" zu keiner Gruppe zu gehören oder von der Gruppe ausgeschlossen zu werden, eine tödliche Bedrohung war und deshalb unter allen Umständen vermieden werden muß.

Im Laufe der Millionen Jahre in der Entwicklungsgeschichte des Menschen hat sich wie bei vielen anderen Gruppentieren eine Form des Zusammenlebens herausgebildet, die heute unter dem Begriff „Hackordnung" (Picking order) eine wesentliche Rolle spielt.

DIE SOZIALE FUNKTION DER HACKORDNUNG

Denn soziales Zusammenleben in der Gruppe bedingt eine Hackordnung, um eine Gruppe funktionieren zu lassen. Am einfachsten, wenn auch verkürzt, läßt sich eine Hackordnung an einem Beispiel von einem Hühnerhof beschreiben:

Gruppentiere brauchen die Aufnahme in der Gruppe und sind als isolierte Einzelindividuen kaum überlebensfähig.

Das oberste Tier in der Hackordnung, in der Soziologie „Alpha-Huhn" genannt, hat die meiste Macht und verfügt über alle Ressourcen und hat damit die besten Überlebenschancen. Weil das Alpha-Tier, mehr als alle anderen über Sex, Nahrung und Macht verfügt, erhöht sich im Durchschnitt auch die Anzahl seiner Nachkommen erheblich.

Das unterste Tier in der Hackordnung, „Omega-Huhn" genannt, verfügt über die wenigsten Vorteile in der Gruppe und übernimmt die Sündenbock-Funktion im sozialen Gruppensystem. Im Vergleich zum Durchschnitt ist die Lebenserwartung um fast ein Drittel niedriger und die Anzahl seiner Nachkommen unterdurchschnittlich.

Vor diesem Hintergrund entsteht ein erheblicher Druck durch die Hackreihe, um innerhalb der Gesamtgruppe einen möglichst hohen Platz in der Hackordnung einzunehmen. Dabei wird Verhalten offensichtlich von zwei interaktiv miteinander verbundenen Systemen gesteuert: einem individuellen und einem sozialen.

Hat sich erst einmal innerhalb einer Gruppe eine Hackreihe herausgebildet, so ermöglicht sie ein weitgehend friedliches Miteinander, nachdem jeder seinen Platz gefunden hat.

„MEME": IMITATION UND MULTIPLIZIERTE INFORMATION ALS KULTURBESCHLEUNIGER!

Zum einen findet demnach ein seit Jahrmillionen arbeitendes Auslesesystem über die Gene statt, so wie es Darwin vor mehr als hundert Jahren richtig erkannt hat. Mit dem Auslesesystem „Evolution" lassen sich auch soziobiologisch eine große Anzahl von Verhaltensweisen und Entwicklungen erklären.

Trotzdem lassen sich über die extrem langsam ablaufenden Veränderungen der Gene aber eine ganze Reihe von kurzfristigen Entwicklungen, besonders bei der menschlichen Rasse, nicht nachvollziehbar erklären: Zum Beispiel die kulturellen Entwicklungen.

Zum einen sind diese Entwicklungen nach heutigem Wissenstand viel zu kurzfristig, um auf die Genselektion Einfluß zu nehmen. Andererseits hat man bis heute keine Genstruktur finden und nachweisen können, die kulturelles Verhalten und deren Unterschiede vergleichbar steuern, wie das bei vielen körperlichen Dimensionen der Fall ist.

Was hat überhaupt den enormen Wachstumsschub des menschlichen Gehirns in der relativ kurzen Zeit der letzten vierhundert- bis fünfhunderttausend Jahre ausgelöst? Welche evolutionäre Funktion hat die Sprache, die Kultur, die Religion, die technische Entwicklung?

Die neueste Forschung geht davon aus, das neben den Genen ein zweiter, völlig unabhängiger Replikator, „Meme" genannt, für diese Entwicklung verantwortlich ist. Meme wird als ein „nichtgenetisches Element definiert, das durch Imitation und die Weitergabe von Informationen arbeitet".

Dabei erfüllen diese nichtkörperlichen, abstrakten Memes (Informationen) im Sinne einer Analogie alle Voraussetzungen in der Verbreitung, Auswahl und Dominanz von Informationen und damit von Wissen. Das bedeutet, daß hier ein abstrakter, nicht körperlicher Einfluß nach Kriterien arbeitet, wie man es auf materieller Ebene durch die Evolution bei Genen inzwischen wissenschaftlich nachvollziehen kann.

Zentraler Punkt dieser Hypothese ist, wie sie von Susan Blackmore in dem Buch „The Meme Machine" überaus faszinierend dargestellt wird, daß die Verbreitung von Information durch Kommunikation einen zweiten, zusätzlichen Weg eröffnet, um einen entscheidenden, schneller wirksamen Vorteil im Wettbewerb von sozialen Gruppen zu erreichen.

Und durch Sprache, Bücher, Zeitschriften, Radio, Fernsehen, Telefon und zukünftig vor allem durch das Internet entsteht eine zunehmende Abkoppelung von engen Familien- und Stammes-Strukturen und damit vom bisherigen Parallelverlauf mit der Genselektion. Eine Darstellung, die für viele strukturelle Veränderungen in bezug auf Familie (Scheidungsraten), New Age-Entwicklungen, Sicht zu religiösen Themen usw. eine nachvollziehbare Begründung liefert.

Vereinfacht ausgedrückt, entstehen neue Gruppen-Zusammengehörigkeiten, die weniger als bisher durch Familien- und Stammeszugehörigkeit bestimmt werden, sondern durch einen scheinbar sozialen Zusammenhang (der sich mittelfristig sogar länder- und kulturübergreifend) durch das Teilen von gemeinsamen Weltbildern und einem ähnlichen Lebensgefühl bestimmt wird.

Möglicherweise wird dadurch ein Gefühl von Sicherheit erzeugt, welches den Stress einer immer unüberschaubareren Gesamtsituation reduziert. Dabei kommt es nicht einmal darauf an, ob diese Sicherheit durch wirkliche Kontrolle objektiv besteht, da auch bereits die Illusion einer Kontrolle dieses Ziel erreicht.

MASLOWS PYRAMIDE IM NEUEN LICHT

Lassen Sie uns vor diesem Zusammenhang noch einmal die alte Maslow´sche Pyramide anschauen:

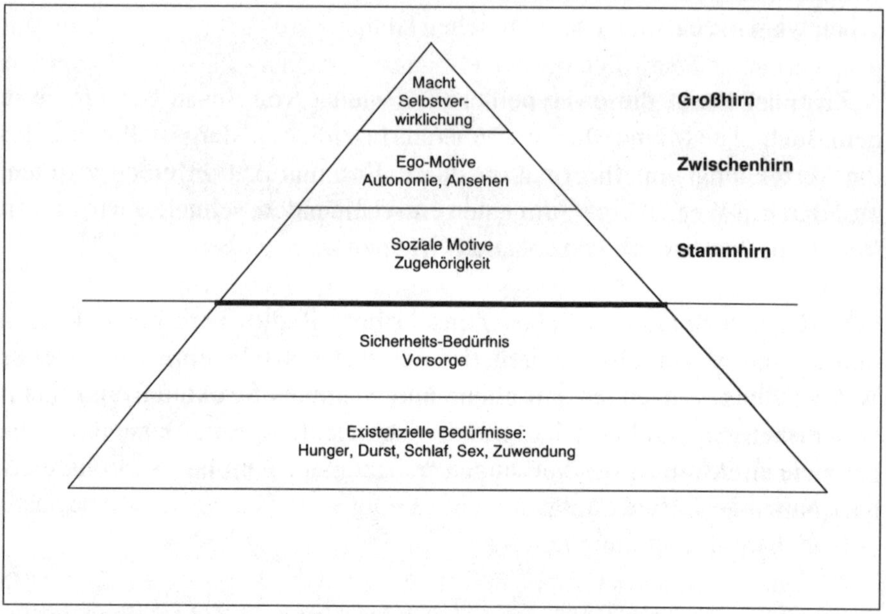

Wie paßt diese Pyramide in unsere Denkstruktur?

Gar nicht so schlecht: Wir würden die Zusammenhänge folgendermaßen interpretieren.

A. Die unterste Stufe würden wir als die Grundanforderung (Existentielle Bedürfnisse) an das Leben sehen: Im Schwerpunkt Food und Sex. Denn der Körper stellt tatsächlich die sexuellen Aktivitäten ein, wenn er durch Mangel an Nahrung, Wärme durch Kleidung oder Behausung in den Grundanforderungen des Überlebens gefährdet ist.

B. Insofern sehen wir in der zweiten Stufe (Sicherheitsbedürfnisse, Vorsorge) auch keinen eigenständigen Bereich, sondern nur die Absicherung der ersten Stufe für einen möglichst langen Zeitraum. Territoriale Abgrenzungen von Futter- und Nistrevieren gehören zu diesem instinktiven Überlebensprogramm.

Die drei darüber liegenden Pyramidenstufen allerdings scheinen in starken Maße mit unseren sozialen Überlebensstrategien zu korrelieren:

1. SOZIALE MOTIVE: ZUGEHÖRIGKEIT = STAMMHIRN-ORIENTIERUNG

Die Zugehörigkeit interpretieren wir im Sinne von Zugehörigkeit zur Gruppe. Damit schließen wir an die Grundforderung des Menschen als „soziales Gruppentier“ an. Dieser Bereich wird vom Stammhirn aus gesteuert und ist natürlich bei den Personen besonders stark ausgeprägt, die weniger selbständig und stärker abhängig sind:

Dahinter steht ein erhöhtes Sicherheitsbedürfnis, das heißt die Welt wird grundsätzlich eher als gefährlich gesehen und man versucht an bisher erfolgreichen Verhaltensweisen festzuhalten bzw. die Risiken durch Vermeidung von neuen Verfahrensweisen zu senken: Keine Experimente!

Zwischen den beiden Geschlechtern werden vor allem Frauen dieses Verhalten bevorzugen, denn sie sind bzw. waren entwicklungs-geschichtlich durch die Aufzucht der Kinder in einem stärkerem Abhängigkeitsverhältnis: Durch konformes Verhalten versucht man wenigstens nicht negativ aufzufallen.

Personen aus dieser Gruppe definieren sich primär über den Kontext in der sozialen Gruppe, der sie angehören. Dementsprechend wichtig ist für sie auch, wie die anderen Gruppenmitglieder sie beurteilen und wie andere Personen sich innerhalb ihres Kontextes verhalten, zum Beispiel Freunde und Nachbarn. Prominente, als besonders erfolgreiche in der Gruppe ausgewiesen, sind in diesem Zusammenhang natürlich besonders interessant.

2. EGO-MOTIVE: ANSEHEN = ZWISCHENHIRN-ORIENTIERUNG

Diese Motivation ist besonders dann angesagt, wenn junge Menschen (Trotzalter und Pubertät) sich ihre Position in der Hackreihe der Familie und später in der Erwachsenenwelt suchen müssen.

Eine schwierige Position, denn einerseits sind diese Situationen mit starker Unsicherheit belastet, weil man noch keine feste Basis hat und völliges Neuland betreten muß. Andererseits sucht man eine möglichst hohe Position in der Hackreihe: Und die kann man nur austesten, indem man die bestehenden Strukturen in Frage stellt und sich gegen das bestehende „Establishment“ auflehnt.

Das Zwischenhirn setzt sich mit der Gegenwart auseinander. Und der Augenblick ist nur über die Sinne wahrnehmbar. So reagiert diese Gruppe auf starke Reize, stellt alles bisherige in Frage und sucht seinen Platz durch überzogene, idealisierte Ansprüche und dem gleichzeitigen heimlichen Wunsch nach Anerkennung und Geborgenheit vor allem in der Gruppe der „Leidensgenossen".

Personen aus dieser Gruppe sind extrem stark ego-gesteuert und betrachten ihr Verhalten immer im Verhältnis zum Rest der Welt. Sie versuchen durch Anspruch eine starke Position durchzusetzen und gehen dafür erhebliche Risiken (Mutproben) ein. Gebildetere Personen aus dieser Gruppe versuchen gleichzeitig durch „Selbsterkenntnis" wie zum Beispiel Selbsterfahrungs-Gruppen hilfreiche Hinweise für „ihren" Platz in der Gesellschaft zu finden.

3. SELBSTVERWIRKLICHUNG = GROßHIRN-ORIENTIERUNG

Die dritte Gruppe versucht durch ein Abwägen aller Erfahrungen und Informationen die richtige Entscheidung zu finden: es ist der Versuch, durch Emotion und Intellekt die Zukunft in den „Griff" zu bekommen: Denken ist Probehandeln! Das Großhirn sammelt alle erreichbaren Informationen und kann soweit abstrahieren, daß auch bisher noch nicht erlebte Situationen in ihren Konsequenzen zu Ende gedacht und bewertet werden können.

Es ist der Versuch, durch überlegtes Handeln Sicherheit zu erzeugen. Nach Kenntnis aller zur Verfügung stehenden Fakten versucht man die wahrscheinlich beste Lösungsalternative herzustellen: Damit hat man in der Regel den stärksten Einfluß auf die Herstellung einer positiven Zukunft.

Das Zurückstellen der Emotionen mit dem Ziel, Problemstellungen sachlich und inhaltlich zu durchdenken, wird von Außenstehenden oft als „Kühle und Unnahbarkeit" fehlinterpretiert. Da die zukünftig möglichen Alternativen durchdacht und ihre Vor- und Nachteile gegeneinander abgewogen werden, erhöht ein solches Verhalten die Chancen, überdurchschnittlich häufig richtige, sinnvolle Entscheidungen zu treffen. Das, kombiniert mit einem gewissen Maß an Lebenserfahrung, führt dazu, daß aus dieser Gruppe verstärkt Führungskräfte und „Häuptlinge" kommen.

Dadurch entsteht die größte Nähe zu „Alpha-Positionen“ mit der Konsequenz, daß es für diese Personen in der Gesamtgruppe weniger Positionen über ihnen in der Hackreihe und damit weniger Vorbilder gibt: Das zwingt diese Personen sich verstärkt selbst eigene Ziele zu definieren und zu verwirklichen: Selbstverwirklichung.

IN DER REALITÄT GIBT ES KEINE „REINEN“ TYPEN.

Maslow ging wohl zu recht davon aus, daß in jeder Person alle drei bzw. fünf Dimensionen wirksam werden können. Er glaubte, daß die einzelnen Bedürfnisstrukturen von unten nach oben jeweils befriedigt werden müssen.

Aber vielleicht ist es ebenso möglich, daß diese Entscheidungen nicht nur situativ oder innerhalb bestimmter Lebensphasen und Lebenserfahrungen verstärkt auftreten, sondern daß jede Person sich durch unterschiedliche Erfolgserlebnisse bestimmte Verhaltens-Schwerpunkte angewöhnt und so durchgängige Gruppen von Personen entstehen.

Eventuell sind die Gruppierungen gegeneinander so heterogen und innerhalb der Gruppen so homogen, daß wir tatsächlich Personensegmente vor uns haben, die häufig ähnliche Verhaltensweisen an den Tag legen.

So gesehen lassen sich die drei Gruppierungen folgendermaßen zusammenfassen.

Übersicht über die drei BrainCluster und deren typische Merkmale:

Gruppe	**Harmonizer**	**Thriller**	**Performer**
Zeitbezug	Vergangenheit	Gegenwart	Zukunft
Aufgabe	Selbsterhaltung	Selbstbehauptung	Selbstbestimmung
Sozial	Kontakt	Dominanz-Autarkie	Distanz
Anspruch	Territorium	Anerkennung	Wissen
Endbenefit	Sicherheit	Status	Unabhängigkeit

HARMONIZER

Stammhirn-dominierte Menschen sind stark emotional gesteuert. Sie legen Wert auf Essen und Trinken: Gastfreundschaft ist ihnen wichtig. Sie haben einen Hang zu Komfort, Bequemlichkeit und Gemütlichkeit. Sie suchen Sicherheit, Ruhe und Geborgenheit.

Sie sind vergangenheitsorientiert, bauen auf Bekanntes, lassen sich von Erfahrungen bestimmen und meiden radikale Veränderungen. Sie lieben Traditionen und Zeremonien, hängen an alten Bekanntschaften und Erinnerungen. Sie fürchten Neues und Unerprobtes, fürchten Schwierigkeiten und Probleme. Sie suchen Sicherheit.

Sie wollen von anderen Menschen akzeptiert und geliebt werden: Suchen deshalb Vereine und Clubs, um sich geborgen zu fühlen. Sie sind an Menschen, ihren Lebensumständen und Schicksalen interessiert. Persönliche Empfehlungen und Referenzen sind ihnen wichtig: Testimonials werden akzeptiert.

Sie schätzen einfache Wahrheiten und unkomplizierte Erklärungen. Sie wollen sympathisch auf andere wirken und legen Wert auf menschliche Wärme und Nähe. Sie brauchen feste Plätze und fühlen sich verunsichert, wenn Rituale und Gewohnheiten gestört werden.

THRILLER

Thriller leben in der Gegenwart, reagieren emotionsgeladen und spontan: Dabei gibt es immer nur schwarz-weiß, positiv-negativ, Freund-Feind: Und nichts dazwischen! Sie polarisieren zwischen Angst und Aggression, Angriff oder Flucht. Ungebremst durch lange Überlegungen sind sie entschlußfreudig und risikobereit. Sie brauchen immer neue Reize und probieren Neues spielerisch aus.

Thriller möchten in ihrer Gruppe dominieren. Sie wollen sich mit anderen messen und sich durchsetzen. Ihre Meinung vertreten sie fest und kompromißlos. Diplomatie ist nicht ihre Stärke. Sie möchten, daß man ihren Status erkennt und anerkennt: Deshalb lieben sie nach außen auffällige Statussymbole: Autos, Kleidung, Schmuck und tragen Designernamen wie Orden.

Sie langweilen sich sehr schnell: Deshalb wollen sie immer das Neueste, Schnellste, Größte, etc. Und sie wollen immer zu den ersten gehören. Sie suchen Überlegenheit und Vorsprung. Nicht theoretisch, sondern greifbar und sofort. Sie entscheiden schnell und widerrufen auch schnell. Sie haben oft starke Vorurteile und möchten nicht das Gesicht verlieren.

PERFORMER

Der Performermensch ist Informations-Sammler: Sie versuchen sich ein „objektives Weltbild" aufzubauen: Erfassen schnell das Wesentliche, überblicken Zusammenhänge hinter scheinbar unabhängigen Einzelinformationen. Sie lesen viel und häufig, versuchen Hintergründe zu erfassen.

Sie nehmen die Zukunft gedanklich vorweg und sind damit der Gegenwart immer schon ein Stück voraus: Sie prüfen die Alternativen und Konsequenzen, versuchen durch Denken die Risiken zu reduzieren. Da sie alle denkbaren Möglichkeiten durchspielen, machen sie sich über den möglichen zukünftigen GAU häufig Sorgen. Sie sind gewohnt abstrakt zu denken und ziehen sachliche Klarheit einem persönlichen Kontakt vor.

Im Kontakt sind sie eher zurückhaltend und gewinnen erst bei näherem Kennenlernen. Häufig kann man ihre Gefühle nur schlecht abschätzen, dabei sind sie meist sensibel und verletzlich.

Sie verstecken das häufig hinter Ironie und Sarkasmus. Sie bleiben auch in Streßsituationen kühl und sachlich. Sie haben eine Abneigung gegen Überflüssiges, Verspieltes und Undurchdachtes. Sie suchen die Perfektion und Performance z.B. bestes Produkt.

VERKNÜPFUNG VON BRAINCLUSTER UND MARKETING

Verhalten dient dem besseren Überleben: Verhalten wird durch Needs-Strukturen (Bedürfnisse und Wünsche) ausgelöst. Diese Needs-Strukturen werden am „konstruktiven Egoismus" ausgerichtet. Der reine Egoismus findet dort seine Grenzen, wo er durch zu extreme Vorteilsnahme durch die Reaktion der Umwelt mittelfristig mehr Nachteile als Vorteile bringt. Dieses hatten wir zu Beginn des Buches dargestellt.

Needs-Strukturen werden durch das Gehirn bestimmt. Das Gehirn ist aber nicht homogen und eindimensional, sondern wir haben drei Gehirne, die nur bedingt miteinander vernetzt sind. Dadurch bilden sich unterschiedliche Gehirntypen: BrainCluster.

Die Kette lautet also: Verhalten wird durch Needs bestimmt. Needs werden durch die Gehirnstruktur bestimmt. Verwendungsverhalten von Produktkategorien (und Dienstleistungen) sind also so gesehen eine Problemlösung. Ohne ein Need gibt es dementsprechend auch keinen Grund für die Verwendung von einer bestimmten Produktkategorie.

Innerhalb der Produktkategorie wird jeder vernünftige Mensch die beste erreichbare Alternative auswählen. Gelingt es einem Angebot in der Wahrnehmung der Verbraucher, in Abgrenzung zu allen anderen Alternativen, eine bessere und völlig eigenständige, also unvergleichbare Lösung anzubieten, so wird dieses Angebot zum Marktführer für eine spezifische Bedürfnisbefriedigung, zum MarkenMonopol in einem Teilmarkt wie nutella, etc.

MARKETING-FORSCHUNG IST TEIL DER VERHALTENSFORSCHUNG

Marketing ist also Verhaltensforschung und nur ein Teilaspekt vom menschlichen Gesamtverhalten: Aus Verbrauchersicht ist Marketing nur die Suche nach den optimalen Problemlösungen entsprechend seiner Bedürfnisstruktur. Aus Herstellersicht ist Marketing der Versuch, Angebote und die Kommunikation möglichst präzise auf die Wünsche der späteren Käufer zuzuschneiden.

Darum müssen wir zunächst die faktischen und emotionalen Bedürfnisse der Verwender einer Warengruppe verstehen: Warum rauchen manche Zigaretten und andere nicht. Trinken Sekt statt Bier oder Wein. Benutzen Deos. Oder kaufen lieber Aktien als Immobilien. Lesen lieber als Fernsehen sehen. Gehen lieber ins Jeansgeschäft als in ein Kaufhaus.

Erst wenn man die übergreifenden Gründe für die Bevorzugung der Gesamtkategorie, also der Warengruppe, der Medien oder Einkaufsstätte versteht, kann man von der Gesamtkategorie an die feine Unterteilung von speziellen Teilmärkten gehen:

Erst wenn man versteht, warum der „Verbraucher“ zum Beispiel Säfte trinkt, kann man daran gehen und klären, warum Orangensaft dem Apfelsaft vorgezogen wird und welche Bedürfnisse bei Orangensaft das zentrale Kaufmotiv sind: Vitamine für die Gesundheit, Geschmack für Genuß, Säuregehalt gegen den Durst oder der geringe Kaloriengehalt als „Schlankmacher“.

So gesehen ist Marketing ein Kategorie-Business bzw. Sub-Kategorie-Business. Marken sind so interpretiert nur „Markierungen“ dieser konzeptionellen Lösungen. Das bedeutet: Erst die Dominanz in der Wahrnehmung einer besseren Problemlösung bei der relevanten Zielgruppe ergibt einen hohen Markenanteil in einem Teilmarkt und bestenfalls ein MarkenMonopol. Also eine dominante Position im Wettbewerbs-Umfeld in einem Teilmarkt.

Marketing ist kein Krieg der Marken gegeneinander. Sondern der Versuch, ein unvergleichbares, eigenständiges Angebot entsprechend den Needstrukturen dem Verbraucher anzubieten. Und ein solcher Ansatz braucht keinen einzigen Wettbewerber.

VI. TEIL:

DREI NEEDGRUPPEN GLEICH DREI VERHALTENSGRUPPEN

06.

DREI NEEDGRUPPEN GLEICH DREI VERHALTENSGRUPPEN

BRAINCLUSTER UND VERHALTEN ZEIGEN HOHE KORRELATIONEN.

Wenn ein solcher Ansatz für uns im Marketing nützlich sein soll, müßten sich im Verhalten der unterschiedlichen Gruppen deutliche Unterschiede zum Beispiel in der Verwendungshäufigkeit von unterschiedlichen Warengruppen, Dienstleistungen und Medien zeigen. Die Frage ist: gibt es in der Konsumfrequenz verschiedener Produktkategorien erhebliche Unterschiede?

Wir verfolgen den bisher beschriebenen BrainCluster-Ansatz seit mehreren Jahren und ließen bestimmte Wiederauffindungs-Fragen zum Anfiltern der unterschiedlichen Needgruppen bei hunderten von Studien mitlaufen. Das Ergebnis:

- In vielen Produkt- und Dienstleistungs-Kategorien gibt es tatsächlich weit überdurchschnittliche Schwerpunkte im Konsumverhalten. Besonders deutlich wird das bei Geldanlagen sichtbar: Zwischen den einzelnen BrainCluster-Gruppen zeigen sich fast absolut unterschiedliche Präferenzen für Sparbücher, Aktien und Optionsscheine.
- Fast immer zeigen sich enge Zusammenhänge zwischen den über Bedürfnisstrukturen gruppierten Teilmärkten innerhalb einer Produktkategorie (Markt-Segmentationen) und den übergeordneten, emotionalen Bedürfnis-Strukturen, die wir bei BrainCluster messen. Kreuzauszählungen und Berechnungen der Korrelationen zwischen Marktsegmentation mit ihren Teilmarkt-Strukturen und BrainClustern zeigen eindeutige Zusammenhänge.

- Sehr oft dominieren sogar einzelne Marken, vor allem solche, die wir intern als MarkenMonopole bezeichnen, diese Teilmärkte. Zum Beispiel zeigt eine Brillenmarke wie Rodenstock einen extrem eindeutigen Schwerpunkt nur in einem von den drei bzw. sechs über Needsstrukturen definierten Teilmärkten. Und dominiert innerhalb dieses spezifischen Clusters als Marke eindeutig alle anderen Markenwettbewerber.

DIE GRUPPENGRÖSSEN VON BRAINCLUSTERN WERDEN QUANTIFIZIERT

Seit mehr als fünf Jahren lassen wir die BrainCluster bzw. deren Vorläufer bei allen Studien, die in unserem Institut durchgeführt werden, mitlaufen. Insofern liegen hunderte von Einzelergebnissen aus den unterschiedlichsten Bereichen vor. Weil unsere Aufgabenstellungen aber in der Regel nur Marktausschnitte betrachten und die Stichproben aus Gründen der Kostenersparnis quotiert strukturiert werden, lag lange Zeit keine genaue Übersicht über die tatsächlichen Potentiale der BrainCluster Strukturen vor.

Deshalb hatten wir uns entschlossen, in einer großen, repräsentativen Stichprobe die Größe der einzelnen Teilmärkte und die Korrelationen mit den üblicherweise verwendeten soziodemografischen Daten zu prüfen. Dabei zeigten sich die folgenden Gruppengrößen:

BRAINCLUSTER-GRÖSSEN:

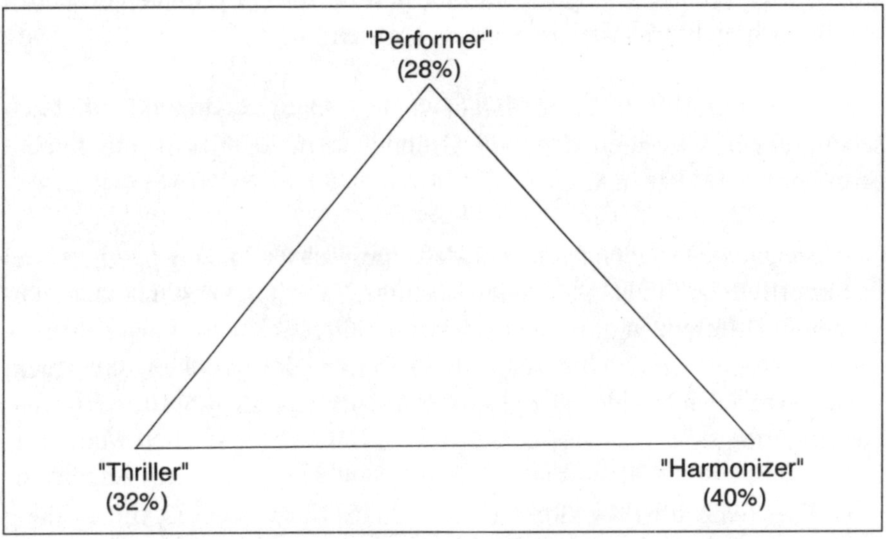

Die stärkste Korrelation mit üblichen soziodemografischen Merkmalen besteht, wie zu erwarten, mit dem Lebensalter. Für uns sehr verblüffend war, daß Kinder oder die durch Kinder definierten Lebensphasen-Modelle innerhalb der Gruppen offensichtlich keinen starken Einfluß haben: Dabei hatten wir das erwartet, weil Kinder in der Regel zu ziemlich einschneidenden Veränderungen im Lebensrhythmus führen und in der Regel das durchschnittliche verfügbare Pro-Kopf-Einkommen im Haushalt drastisch sinkt.

AUSWEITUNG VON 3 AUF 6 BRAINCLUSTER-TYPEN

Die Arbeit mit nur drei BrainCluster-Grundtypen hatte für uns viele erhebliche Vorteile. Die Grundstruktur ist schnell überschaubar und von den meisten Klienten direkt anwendbar. Aber es zeigten sich auch einige Schwächen: Offensichtlich war das Beurteilungsraster in einigen Fällen so grob, daß für effektives Marketing notwendige und interessante Details nicht mehr sauber zu trennen und herauszuarbeiten waren.

Unzählige Clusterversuche über die Marken-Relevant-Sets, Produkt-Kategorien, Medien-Nutzung und Einkaufsstätten zeigten immer wieder das gleiche Bild. Eine Lösung, welche die 3 BrainCluster noch etwas weiter in 6 BrainCluster-Typen ausschlüsselte, brachte einen erheblichen Gewinn an zusätzlichen Informationen. Dabei berücksichtigten wir, daß die Gehirntypen natürlich nicht in „reiner" Form vorkommen, sondern es auch entsprechende Mischtypen gibt, die zum Beispiel zwischen Harmonizer und Performer stehen (Meine Kinder sollen es mal besser haben) oder Zwischenpositionen zwischen Thriller und Performer (Aufsteiger, haben häufig noch mehrere Karriere-Schritte vor sich).

Im wesentlichen läuft es darauf hinaus, daß es sinnvoll ist, Zwischengruppen zwischen den drei Grundclustern zu bilden, um feinere Strukturen abbilden zu können.

Was kann die Ursache dafür sein, daß eine Sechser-Lösung häufig so viel besser differenziert als eine Dreier-Lösung? Natürlich kann man den individuellen Differenzen durch sechs Cluster näherungsweise besser entsprechen als durch drei. Aber zugegebenermaßen: Ich weiß es auch nicht genau! Aber es gibt eine ganze Reihe von Indizien, die mögliche zusätzliche Erklärungsansätze liefern:

a. Es scheint über die drei Gehirne hinaus einen Einfluß von Bildung und damit der Sozialisierung auf das Weltbild zu geben. Und damit auf das Verhalten bis hin zur Kategorie-Bevorzugung, Markenwahl, Medienpräferenz und die Auswahl der Einkaufsstätten.

b. Außerdem zeigen sich zum Teil deutliche Geschlechts-Unterschiede zwischen Männern und Frauen in den Wünschen und Bedürfnisstrukturen. Diese können in vielen Fällen auf nachvollziehbare sozio-biologisch unterschiedliche Zielsetzungen zurückgeführt werden.

c. Unabhängig oder damit verknüpft scheint es durch die Unterteilung des Großhirns in (vereinfacht ausgedrückt) Links-Linear und Rechts-Analog stärker geprägte Menschen einen zusätzlichen Einfluß zu geben. Vieles deutet darauf hin, daß es einen erhöhten Zusammenhang zwischen rechts-analog zu Frauen und links-linear zu Männern gibt. Diese Unterteilung scheint durch unser Erziehungs- und Ausbildungs-System eher verstärkt als abgeschwächt zu werden.

Die Verteilung innerhalb einer Sechser-Gruppierung stellt sich wie folgt dar.

BrainCluster-Größen (Sechser-Lösung):

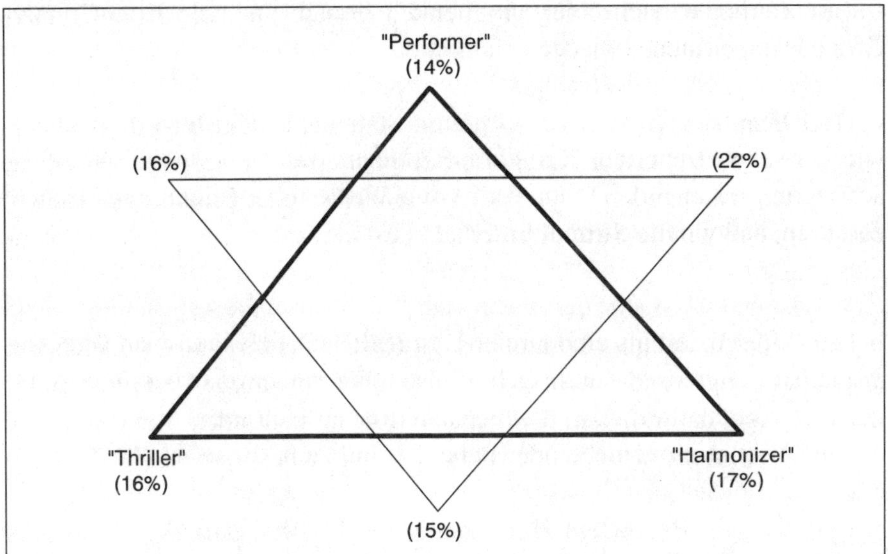

Wir glauben, daß das BrainCluster-Modell für die Altersgruppen besonders hilfreich sein könnte, die bisher vom Marketing sträflich vernachlässigt worden sind. Und in den kommenden Jahren mit Sicherheit zunehmend in das Interesse rücken: Die Altersgruppe, der über Vierzigjährigen.

Denn in dieser Altersgruppe ab 40 ist der Aufbau des Haushalts weitgehend abgeschlossen, die Kinder sind aus dem Gröbsten raus und beruflich haben sich die Karrierefragen geklärt: Diese Altersgruppe der über Vierzigjährigen wächst durch die bestehende Alternsstruktur überproportional und verfügt über erhebliches frei verfügbares Nettoeinkommen. Und die Entwicklung in den USA, immer noch guter Trendvorläufer, zeigt, daß die frühere Enthaltsamkeit im Konsum deutlich zurückgeht: Diese Gruppe hat noch Wünsche und Träume.

Das Geld ist da. Die Bedürfnisse sind da.

Was fehlt im Marketing? Die richtige Ansprache und die richtigen Angebote, um es zum Konsum tatsächlich kommen zu lassen.

DIE WIEDERAUFFINDUNG DER EINZELNEN BRAINCLUSTER

Um die in unserem Hause durchgeführten Studien nicht zu sehr durch zusätzliche Statement-Batterien zu belasten, haben wir bereits in einem frühen Zeitpunkt nach einer Möglichkeit gesucht, um die BrainCluster-Gruppierungen sicher wieder aufzufinden.

Dazu benutzen wir Wiederauffindung-Statements (Cluster-Filterfragen), wie wir schon früher für Kategorie-Segmentierungen angewendet haben, um bei den anstehenden Folgestudien wie Werbe- oder Produkttests sicherzustellen, daß wir die Stimuli innerhalb des relevanten Zielgruppen-Potentials prüften.

Der Gedanke dahinter kommt aus der Rasterfahndung, wie sie auch von der Polizei angewendet wird: Man sucht über bestimmte Verfahren möglichst wenige, dafür die am deutlichsten diskriminierenden Merkmale aus, um eine bestimmte Gruppe oder Person sicher zu bestimmen.

Ein Beispiel: Bejaht ein Hundehalter die Frage: „Darf der Hund aufs Bett?“, so macht er damit gleichzeitig deutlich, daß er sein Tier eher vermenschlicht sieht: Es schildert die Halter-Tier-Beziehung eher als vermenschlicht, statt es als ein aasfressendes Raubtier wahrzunehmen.

Diese Emotionalität zum Tier korreliert hoch mit eher kleinen Tieren, die dem Kindchen-Schema entsprechen und eher dreimal täglich parallel zu den menschlichen Mahlzeiten gefüttert werden. Und zwar mit Futter, nein eher Mahlzeiten, die auch in bezug auf Appetite appeal und Geruch den Ansprüchen des Halters genügen. Wir haben mit nur einer ersten Frage das Potential von Cesar-Verwendern erheblich eingrenzen können.

Selbstverständlich steht die Antwort in keinem direkten Zusammenhang zum Verhalten, aber hinter beiden Anworten steht eine gleiche gemeinsame ursächliche Dimension: nämlich aus welchen emotionalen Gründen der Hund gehalten wird.

Das Wiederauffindungs-Verfahren ermöglicht also mit wenigen Fragen eine relativ sichere Einordnung von Zielgruppen-Potentialen. Oftmals die Voraussetzung, um weitere Untersuchungen wie zum Beispiel Psychodramen mit den so gefundenen Gruppen durchzuführen.

Um die unterschiedlichen Auswirkungen sichtbar zu machen, hier noch einige Beispiele:

„Erfolg durch Marktforschung" titelte der Marketingverantwortliche Schmidt in einem Fachartikel die Auswirkungen unserer Forschung auf seinen Markterfolg: Seit mehr als zwei Jahren erreicht Jever zweistellige Zuwachsraten und Marktanteilsgewinne in einem rückläufigen Markt: Die Jever-Kampagne von Jung van Matt ist sehr klar und eindeutig auf Performer ausgerichtet: „Keine Staus, keine Termine" ... nur die Entspannung durch ein individuelles Bier. Wohl kaum eine Alternative für Beck's-Verwender aus dem Thriller-Bereich.

Oder Mumm aus dem Hause Seagram: Bei dieser Marke hatte sich der Anspruch für die Performer durch mangelhafte Markenpflege abgenutzt. Freixenet bediente die Thriller mit einem erotischen Konzept. Dutzende von trivialen Marken wie Henkel Trocken teilten sich den Harmonizer Markt. Die Aufgabenstellung hieß: Die Marke Mumm wieder neu aufzuladen (noch in Arbeit) und eine konzeptionelle Lücke im Markt zwischen den Thrillern und Performern zu suchen: So entstand der fruchtige Jules (vom Mumm), wurde erfolgreich gelauncht und macht heute erheblichen Zusatzumsatz.

Vergleichbar wie es Dickmann´s Negerküsse gelang, sich aus dem Bereich der Kindersüßwaren zu lösen und das Produkt für die Thriller attraktiv zu machen, erreichen Pringles Kartoffelchips ihre „neue Zielgruppe“ und lassen die konventionellen Chipmarken „alt“ und nach Harmonizern aussehen.

Welche krassen Auswirkungen eine präzise Ausrichtung auf das Kernpotential haben kann, ließ sich in den USA deutlich erkennen als Pepsi Cola sich als Verwenderimage „The young generation“ anheftete: Verwender-Image gleich Marken-Image ließ die Coke auf einmal „alt“ aussehen. Aber so etwas braucht Konsequenz und Kontinuität, statt durch hektische Marketing-Relaunches die Belastbarkeit der Marke zu testen.

Das in einigen Warengruppen sehr unterschiedliche Zielgruppen-Potentiale drin stecken, läßt sich an verschieden Beispielen deutlich demonstrieren: Pommes frites werden von völlig unterschiedlichen Zielgruppen mal als Beilage wie Reis oder Nudeln, mal wie „McCain Golden longs“ als Snack und Finger food mit Ketchup und Mayo genascht.

Vergleichbares geschieht bei Nudeln: Auch hier gibt es Beilagen-Nudeln zu Gulasch und italienische Nudeln als Basisgericht. Sehen Sie sich einmal die Positionierungen von Tiefkühlpizza an: Angeboten werden Sie zum Beispiel von Dr. Oetker Ristorante als Mahlzeit für Harmonizer, im Schwerpunkt verwendet werden sie als Snack von Thrillern. Ungenutzte Marktlücken, siehe Pringles.

Füllhalter sind der Ausweis von Performern und solchen, die es werden wolllen: Mont Blanc hat daraus einen teueren „Ausweis“ gemacht. Genau diesen Anspruch versucht seit einiger Zeit Rodenstock für seine Brillen und Gläser zu besetzen. Aber eine wichtige Zutat fehlt bisher: Eine eindeutige, auch für das Umfeld sichtbare „Markierung“.

Fisherman´s Friend ersetzte eine exzellente Kampagne „erfrischend wie ein Dusche“ für Thriller durch eine deutlich schwächere. Oder finden Sie das explosionsartig durch das Glas einer Telefonzelle zu stürzen ist die bessere Geschmacks-Beschreibung? Und Marken wie Sulá und Vivil kommunizieren ihren zentralen Nutzen „toller Fruchtgeschmack bei zuckerfreien Bonbons“ leider nicht merkfähig. Oder können Sie sich erinnern?

Während sich die Marke Lindt sehr konsequent bei Performern positioniert hat, besetzt Ritter nur halbherzig die Thriller und lebt Milka völlig diffus eher von der Substanz der Vergangenheit. Und tut sich entsprechend schwer die Preise zu rechtfertigen.

Und wie sieht es bei den Gebrauchsgütern aus?

Und Grundig Art line in den Markt zu launchen ist für eine Harmonizer-Marke hoffnungslos, denn der Markt für Performer ist von Bang Olufsen, Loewe, etc. schon präziser besetzt. Und ein Positioning ist aus Verbrauchersicht wie Vorurteil und läßt sich kaum verändern. Bestenfalls langsam in den Gewichtungen modifizieren.

Kontinuierlich gut positioniert „gehören Siemens Haushaltsgeräte zur Familie" der Harmonizer und Miele in die Küchen der Performer.

Und seit Jahren fasziniert mich die Werbung für ADO-Gardinen. Sie wissen schon, die mit der Goldkante. Irgendwie treffen die wohl die Harmonizer genauso gut, wie Uschi Glas die Tosca-Verwender: Immerhin immer noch die größte deutsche Eau de Toilette-Marke. Da kann man sich schnell vertun, wenn man nicht selbst zur Zielgruppe gehört.

Zur Zeit arbeiten wir für Schiesser Wäsche, eine Marke von der ich Aktien kaufen würde. Selten habe ich ein Management erlebt, das so schnell und konsequent einmal erkannte Forschungsergebnisse in den Produkten, Sortimenten und der Kommunikation umsetzt. Und der bisher erzielte Erfolg gibt ihnen recht: Die Kollektion von „Second Skin" ist bereits für Monate ausverkauft. Aber nicht lieferfähig zu sein, sind noch mit die schönsten Probleme.

Spannend ist auch der Telekommunikations-Markt: Nachdem wir für E-plus mit dem Schwerpunkt bei den Thrillern gearbeitet haben, versuchen wir nun mit VIAG Intercom die Aufholjagd: Schwierig genug, wenn man erst als Vierter die Mobilfunk-Lizenz mit mehreren Jahren „Verspätung" bekommt. Aber mit dem „Genion-Comic" und dem Pre-paid-Ansatz „LOOP" für Thriller haben wir eine eigenständige Kommunikation geschaffen, die trotz begrenzter Budgets hervorragend arbeitet.

Oder wenn wir für Zeichentrickfilme wie „Schweinchen Babe" oder Walt Disney die Potentiale (Harmonizer) abgreifen und diese von „Werner" (Thriller) und „Yellow Submarine" (Performer) abgrenzen sollen.

ARBEITET BRAINCLUSTER IM DIENSTLEISTUNGS-BEREICH? UND IM HANDEL?

Egal in welchem Bereich Ihr Geschäftsbereich ist, wenn BrainCluster tatsächlich eine so übergeordnete Denkstruktur ist, dann müßte es nicht nur im klassischen Markenartikel-Bereich, sondern auch auf alle Dienstleister anwendbar sein. Lassen Sie uns einen Versuch machen.

Eines der genialsten Beispiele für BrainCluster ist für mich der ADAC: Hat er es doch geschafft, sich über die „gelben Engel" den Anstrich fast selbstloser Hilfeleistung zu geben und perfekt sein Angebot auf das Sicherheits-Bedürfnis der Harmonizer auszurichten. Einschließlich Auslands-Schutzbrief! Und so einen Milliardenkonzern als „eingetragenen Verein" aufzubauen.

Auf der gleichen Klaviatur spielt auch die Allianz Versicherung ganz gut: Die Sicherheit einer großen Marke. Eine Millionen Fliegen können nicht irren ...

Und im Handelsbereich haben Hennes & Mauritz und Mediamarkt geradezu perfekt ihre Thriller-Zielgruppe durch ihr Sortiment und die Kommunikation (Ich bin doch nicht blöd!?) getroffen. Und auch ein Gutteil der Probleme von C&A werden durch unsere Studien nachvollziehbar: Zu groß ist die Diskrepanz zwischen dem Verwender-Image der Kunden und dem Anspruch in der Werbung: Da helfen auch keine noch so hochpreisigen Designer-Labels im Sortiment. Eher im Gegenteil: Realität und kommunikativer Anspruch (Traum) klaffen so geradezu unüberbrückbar auseinander.

Und im Kaufhaus-Geschäft kostet offensichtlich ein Zielgruppen-Spagat Jahr für Jahr Millionen in der Effektivität der Kommunikation. Der Grund: Die Untersuchung der Wettbewerbs-Situation zwischen den Warenhäusern in sieben Städten zeigt das verwirrende Bild, daß in jeder Stadt eine der Kaufhaus-Marken jeweils eine Premium-Positionierung inne hat und die restlichen eher preisaktiv vorgehen. Allerdings hat keine der großen Kaufhausketten die Premium-Position durchgehend in allen Städten. Das bedeutet: In Nürnberg ist Karstadt, in Düsseldorf Kaufhof das Premium.

Nun liegt es auf der Hand und läßt sich auch nachweisen, daß dahinter im Schwerpunkt auch unterschiedliche Zielgruppen (Performer vs. Harmonizer) stehen, mit unterschiedlichen Ansprüchen, Sortimentserwartungen und Preisvorstellungen. Dem entsprechend müßte man auch die Werbung sehr unterschiedlich gestalten und verschiedene Artikel- Sortimente anbieten, wenn man das Potential gut ausschöpfen wollte.... Immerhin hat jede der Warenhaus-Ketten allein ein Massmedia-Budget von mehreren hundert Millionen Mark.

Oder: Angenommen wir würden die folgende Aufgabenstellung bekommen: Immer mehr Menschen in Deutschland begreifen, daß die Rente als einzige Altersversorgung vermutlich nicht mehr ausreichen wird. Welche Alternativen ergeben sich daraus?

Man kann sein Geld auf dem Sparbuch ansammeln. Oder ein Haus als Alterssicherung kaufen. Eine Lebensversicherung abschließen oder Anleihen kaufen. Oder auf Aktien setzen.

Subjektiv werden diese Alternativen als sehr unterschiedlich sicher erlebt. Können Sie sich vorstellen, welche Zielgruppen eher zu welchen Angeboten neigen werden. Und mit welchen Argumenten man ihre Bedürfnisse wohl besser trifft. Und wer von denen wohl eher bei der Sparkasse, Direktbank oder Citibank bzw. bei der Deutschen Bank Kunde ist?

Oder stellen Sie sich vor, Sie sind einer der größten Pauschal-Reiseveranstalter. Haben Sie inzwischen ein Gefühl, wer wohl zur Fete nach Ibiza, auf Kulturreise in Ägypten oder in Österreich seinen Urlaub verbringt? Für welche BrainCluster-Gruppe steht auf den Schildern an der Straße „Man spricht deutsch“? Es wird nachvollziehbar, warum Stammhirn-Typen sich im Urlaub so leicht streiten, kaum sind die gewohnten häuslichen Routinen aus dem Takt gekommen.

Können Sie sich vorstellen, wie unterschiedlich die Reiseangebote für Spannungs-Suchende, Entspannungs-Suchende und Informations-Suchende in den Katalogen und sonstigen Kommunikationsmitteln aufbereitet sein müßten. Zum ersten Mal wird verständlich, warum für die Gruppe der Harmonizer ein Urlaub in den Bettenburgen kein Nachteil ist, sondern diese Zielgruppe sich auf wunderbar positive Weise an die „Käfighaltung“ ihrer Wohnung zu Hause erinnert fühlt. Und in welch` unterschiedliche Medien dafür sinnvollerweise und effektiv geworben werden müßte.

Sie wollen eine Restaurant-Kette aufmachen? Können Sie sich vorstellen, wer seine Pizza auf die Hand ißt? Wer zum Nudel-Italiener und wer zum Fleisch-Italiener geht?

VII. TEIL:

BRAINCLUSTER ORDNET ÄSTHETISCHE NORMEN

07.

BRAINCLUSTER ORDNET ÄSTHETISCHE NORMEN

BRAINCLUSTER UND ÄSTHETISCHE NORMEN.

Wie stark BrainCluster arbeitet, selbst in den Bereichen in denen der Verbraucher sich in vielen Fällen kaum noch artikulieren kann, möchten wir an den nun folgenden Beispielen deutlich machen: Was findet der Endverbraucher denn eigentlich schön?

Kaum jemand kann nachvollziehbar artikulieren, warum er das eine Bild, Musikstück, Möbel, Eßbesteck, Schreibgerät, Schmuckstück schön findet. Und das andere nicht. Hier geht es um Design im weitesten Sinne. Um Emotionen. Und es wäre natürlich von großem Interesse Wege zu finden, um wenigsten klare Aussagen und Prognosen über die Präferenz von Angeboten machen zu können, selbst wenn die genauen Ursachen dafür im dunkeln bleiben.

Stellen Sie sich vor, ein Klient von uns möchte geklärt haben, nach welche Kriterien der Verbraucher die Bevorzugung von Kaffeegeschirr beurteilt. Jedes neue Kaffeeservice, das eingeführt wird, bedeutet zwei bis drei Millionen an Werkzeugkosten. Von der zehnjährigen Nachkaufgarantie ganz zu schweigen, die natürlich auch für die Flops gilt. Also was sind die Beurteilungskriterien für Ihr Kaffeegeschirr zu Hause: Die Form der Kanne, von Tasse oder Tellern. Henkel oder Ausgießer. Oder das Muster auf der Oberfläche: Form oder Farbe?

Nach welchen Kriterien soll eine Firma Rodenstock die Brillenmodelle ordnen: Materialien, Gläserform und Größe, Bügel, Farben.

Wonach lassen sich die dreißigtausend Schmuckstücke sinnvoll gruppieren, die der Juwelier Christ in seinen Läden anbietet. Gold, Silber, Platin, Perlen, Brillanten, Korallen, Halbedelsteine?

Wie sind bei einem Versandhaus tausendachthundert Paar Schuhe sinnvoll zu ordnen?

Oder um dem ganzen noch die Krone aufzusetzen: Wie läßt sich für Levi's das Sortiment an modischen Oberteilen, rund ein halbes Jahr vor dem Verkauf an den Handel, nach der späteren Verbraucherbevorzugung gruppieren. Denn nichts ist für einen Modeanbieter unglücklicher, als vom Renner nicht genug Ware zur Verfügung zu haben. Oder von den Pennern Tausende unverkäufliche Teile!?

Des Rätsels Lösung?

BRAINCLUSTER STRUKTURIERT DESIGNS ZU „KOLLEKTIONEN“.

Unsere Erfahrungen zeigen, daß BrainCluster in der Lage ist, auch hunderte Produktdesigns sinnvoll zu gruppieren. Ohne hier im Detail auf die Vorgehensweise einzugehen, wie wir konkret verbindliche Aussagen über die Präferenzen machen können (siehe dazu die Methoden-Beschreibung HIT-Struktur), so läßt sich doch soviel sagen, daß wir in der Lage sind, hunderte von Schmuck-, Brillen- oder Schreibgeräte-Designs in sinnvolle Sortimente bzw. Kollektionen zu gruppieren.

Und daß der Abgleich zwischen den Einzelartikeln bzw. Collectionen und den BrainClustern extrem enge Korrelationen aufweisen, die soweit führen, daß wir ausgehend von einer BrainCluster-Gruppe überwiegend richtige Aussagen zu den späteren Präferenzen im Markt machen können. Und umgekehrt.

ALLGEMEINE REGELN UND ABLEITUNGEN FÜR GESTALTUNGEN

Wir können zu den getesteten Designartikeln nicht nur Aussagen machen, sondern auch durch Verallgemeinerung bestimmte Regeln ableiten, die eine hohe Wahrscheinlichkeit auf richtige Vorhersagekraft haben. Vielleicht einfach einmal einige Beispiele:

Während die Entspannungs-Gruppe Wertigkeit in starken Maße mit fast barockem Reichtum an Gold, Farbigkeit und Menge verbindet, definiert die Info-Gruppe Wertigkeit im starken Maße mit Reduktion auf das Wesentliche:

Mit diesem bißchen Information können Sie schon mit hoher Wahrscheinlichkeit richtig vorhersagen, welche Gruppe kauft Henkell-Sekt und welche Mumm.

Wer bevorzugt schwarzweiß Fotos bei der Gestaltung eines Kalenders und wer bunte Farbenpracht. Wessen Wohnzimmer ist voll mit großen Tapetenmustern, welches ist sparsam möbliert und fast kahl. Extrem übertrieben, wer kauft viel und wer kauft teuer.

VIII. TEIL:

BRAINCLUSTER BESCHREIBT UNTERSCHIEDLICHE „EMOTIONALE WELTEN“

08.

BRAINCLUSTER BESCHREIBT UNTERSCHIEDLICHE „EMOTIONALE WELTEN“.

BRAINCLUSTER TRENNT TONALITIES.

BrainCluster hat durch seine einfache Grundstruktur und die vielen Arbeiten, die wir in völlig unterschiedlichen Bereichen durchgeführt haben, den Vorteil, daß wir eine bildhafte Beschreibung der Personen zur Verfügung haben. Und je länger wir mit dem System arbeiten, um so umfassender kann man die Konsumenten durch ihr Konsum-Verhalten und die Markenwahl, durch die Denkstrukturen und Lebensziele beschreiben und NACHFÜHLEN:

Langsam entsteht ein ganzheitliches Bild, so daß man sich in die Menschen und ihre Lebenswelten wirklich hineinfühlen kann. Mit ein bißchen Erfahrung weiß man intuitiv, wie sich die Verbraucher wahrscheinlich in bestimmten Situationen verhalten werden, welche Kommunikation sie wohl besser anspricht, welche Designs eher stimmig sind.

Es entsteht ein Bild. Komplex miteinander verknüpft entsteht ein Erfahrungsschatz, der intuitiv ahnen läßt, welche Entscheidung in den meisten Fällen sich als richtig bewahrheitet.

BRAINCLUSTER LIEFERT WICHTIGE ZIELGRUPPEN-BESCHREIBUNGEN

Ich habe es am eigenen Leibe erlebt: Für den Klienten Werdin stellte eine Werbeagentur die neue Kampagne vor: Ästhetisch zum Niederknien schön. Plakate, Anzeigen, POS-Material. So schön, man hätte es rahmen und an die Wand hängen können.

Leider falsch!

Für die Zielgruppe. Denn die Heavy User von Jeans sind nun einmal die Jugendlichen zwischen 12 und 22 Jahren, die sich mit diesem Kleidungsstück deutlich von dem Establishment abgrenzen wollen. Wie kraß der Unterschied ist, läßt sich leicht aufzeigen: Nehmen Sie doch einmal Ihren Boss-Anzug und „stone-washen“ den in der Waschmaschine. Und versuchen Sie ihn dann einmal (vergleichbar zu Jeans) teurer zu verkaufen.

Was will ich damit sagen: Ich denke, eine der Gefahren in der selbst gute Werbeagenturen stecken, liegt darin, daß die meisten Art Direktoren zu anderen BrainCluster-Gruppen gehören als ihre Zielgruppen, für die sie die Werbung entwickeln sollen. Die eigenen ästhetischen Normen werden häufig wie selbstverständlich auch bei anderen Zielgruppen unterstellt. Oder noch gefährlicher: Man macht sich über die Kultur von harmonie-süchtigen Gartenzwergbesitzern und spießigen Volksmusikhörern lustig.

Wer sich aber so anderen überlegen fühlt, hat häufig genug Probleme sich in diese völlig fremde Welt hineinzudenken und hineinzufühlen. Dies erschwert oft genug die Möglichkeiten einen Bertelsmann-Buchclub oder einen Neckermann Urlaub emotional so richtig anzubieten, daß diese Zielgruppe sich richtig verstanden fühlt.

BRAINCLUSTER MACHT VERWENDER-IMAGES NACHVOLLZIEHBAR

In der täglichen Praxis zeigen sich zwei Vorteile: Zum einen bringt dieser übergeordnete Ansatz immer neue weitere Details aus immer neuen Warengruppen, die gleichzeitig ein immer vollständigeres Bild im Sinne einer Beschreibung der Zielgruppen bringt. Und was damit einher geht: Man kann sich immer besser in die Zielgruppen HINEINFÜHLEN.

So gab nun eine Studie für Textil Adler, einer Bekleidungskette aus der Metro-Gruppe, die Gelegenheit Kleidungstile, Verwender- und Sortimentsschwerpunkte, etc. in einer Heavy User-Studie zu untersuchen. Primäres Ziel der Studie war eigentlich, die Gründe für die Einkaufsstätten-Präferenz gegen die wichtigsten Wettbewerber heraus zu arbeiten und aus Neukunden die späteren Heavy User in einem möglichst frühen Stadium zu erkennen, um diese dann frühzeitig durch Direkt Mail an die Einkaufsstätte zu binden.

Nun gibt Textil Adler eine Kundenkarte heraus, mit der die Kunden bei Vorlage an der Kasse drei Prozent zusätzlichen Nachlaß bekommen. Dadurch ist natürlich eine Verknüpfung mit der Artikelnummer der eingekauften Waren möglich. Und mit den Konfektionsgrößen. Bei einer Auswertung zeigt sich, das die Entspannungsgruppe im Durchschnitt größere Konfektionsgrößen trägt.

Das stimmt wiederum mit Daten aus anderen Produktgruppen überein, die zeigen, daß die gleiche Gruppe auch deutlich überdurchschnittlich Süßwaren konsumiert. Liebesromane liest. Schweinchen Babe liebt.

BRAINCLUSTER BESCHREIBT UNTERSCHIEDLICHE EMOTIONALE WELTEN.

Ganz anders dagegen die Spannungsgruppe: Mit den Ihnen bisher bekannten Informationen wird es Sie nicht mehr wundern, daß diese Gruppe auf Fishermans Friend steht. Die Stereoanlage mit den stärksten Bässen in ihren Autos hat. Das meiste Piercing. Diejenigen sind, die obwohl mit relativ geringem Pro-Kopf-Netto-Einkommen, am häufigsten ihre Six-packs Bier an der Tankstelle kaufen. Und geil finden, daß Red Bull „Flügel verleiht!“

Wer fährt Snow board an lawinengefährdeten Hängen. Sucht die größten Wellen zum Surfen. Träumt vom off road-fahren mit der Camel Trophy durch Steppe, Wüste und Dschungel. Hat die größten City Blaster. Gibt bis an die Grenze zur Sucht in Spielhallen das Geld für Autorennen und Schießkino aus.

Trinkt Corona, ein mexikanisches Bier zu Premiumpreisen, mit einem Stück Zitrone drin. Während die Entspannungstypen den vermutlich gleichen Genuß im Biergarten aus einem gepflegten Weizenbier ziehen. Und das dann gemütlich finden ...

Und die Informationsgruppe: Keine Gruppe hat häufiger einen Füllhalter, jenes eigentlich eher unpraktische Schreibgerät, mit dem die Staatsverträge und großen Schecks unterschrieben werden. Am ehesten in der klassischen Form und von Mont Blanc. Ab vierhundertfünfzig Mark.

Hier sind die Möbelklassiker zu finden. Die Tizio- und Wagenfeld Lampen. Die Zigarillo und Zigarrenraucher. Die Weinkenner und Liebhaber von Käsespezialitäten. Die Kunstausstellungs-Besucher und Flughafen Lounge-Benutzer.

Wie stark selbst bei gleicher Präferenz der gleichen italienischen Küche die BrainCluster trennen, zeigt das folgende Beispiel: Während die Spannungsgruppe eher ein Stück Pizza auf die Hand ißt (It´s fingerlicking good = Fingerfood), suchen die Entspannungsleute ihr Nudellokal auf.

Das mit dem Gips-Vesuv an der Wand und der roten Glühbirne im Krater, unterhalb dessen die Gäste in den mit künstlichen Weinlaub umrankten Spalieren über ihrem Essen sitzen. Und die Informationsleute den Fleisch-Italiener suchen, jene gehobenen Edelitaliener, von denen es in jeder größeren Stadt ein, zwei gibt.

BRAINCLUSTER ORDNET NACH EINEM MAGISCHEN ENDBENEFIT

Was wollen wir sichtbar machen? Daß wir uns von den einzelnen Produktkategorien gelöst, einen emotionalen Hauptnenner gefunden haben, der offensichtlich in unglaublich vielen Bereichen des Lebens wirksam wird. Und so ein gesamtheitliches Bild der Verwendergruppen zeigt und nachfühlbar macht. Und wir glauben, daß diese ganzheitliche Sicht es dem Marketing erheblich erleichtert, statt das Produkt den emotionalen Nutzen in den Mittelpunkt zu stellen.

NEGATIVBEISPIEL: EINE MARKE VERLÄSST IHR ERFOLGSREZEPT.

Lassen Sie mich an einem konkreten Beispiel einmal deutlich machen, wie weit der Einfluß von BrainCluster auf die tägliche Arbeit reichen kann: Wir hatten die Aufgabe, die neue Oberteil-Kollektion von Levi´s auf Akzeptanz innerhalb der Zielgruppe zu prüfen. Die Ergebnisse zeigten, daß sich vier Teilmärkte für das Angebot abzeichneten:

Aber nur für eine Teilgruppe gab es attraktive Muster. Davon aber so viele, wie diese Gruppe innerhalb von einer Saison kaum kaufen konnte. Die restlichen drei Gruppen fanden im Testsortiment kaum attraktive Angebote, für die sie sich ehrlich begeistern konnten.

Was war passiert: Offensichtlich hatte der Designer bei Levi's eine Kollektion von Teilen entworfen und zusammengestellt, die ihm persönlich besonders gut gefiel und an deren Erfolg er glaubte. Und er hatte unbewußt solche Mitarbeiter in sein Team geholt, die seinen Geschmack und seine Präferenzen teilten.

Dadurch war es zu einer Situation gekommen, die die Wünsche anderer Levi's-Zielgruppen nicht mehr in ausreichenden Maße bedienen und befriedigen konnte. Die Bildung von vier Design-Teams, welche die Bedürfnisse jedes Levi's-Teilmarktes bedienten, schaffte schnell Abhilfe.

Anders als in der Fachpresse erklären wir uns auch den rasanten Marktanteils-Verlust der Marke Levi's in Deutschland bzw. in Europa. Unabhängig von dem idiotischen Preisverfall der Marke führen wir den Niedergang von Levi's nicht zentral auf die modischen Aspekte zurück, sondern auf ein Verlassen der zentralen Need- und Benefit-Strukturen in der Kommunikation.

Anders als in den USA hatte Levi's in Europa und vor allem in Deutschland seine Magic in den achtziger Jahren fast ausschließlich aus der Kommunikation gezogen: Die 501 war für über hundertfünftzig Mark verkauft worden, weil die Kommunikation immer wieder präzise die „coole winner"-Situation in den Mittelpunkt gestellt hatte, die für die durch Unsicherheit frustrierten Haevy user als so entlastend erlebt hatten. Beim Kauf der 501 wurde die Masse des Geldes nicht für das Kleidungsstück, sondern für das Stück Therapie bezahlt.

In immer neuen formalen Reizen (Spannung) wurde in Filmen wie Pool Hall, Laundry, Pick up etc. die immer gleiche Story neu erzählt: Wie man ohne Macht und Geld, nur durch coole Pfiffigkeit und Selbstbewußtsein sich gegen die Spießer des Establishments und innerhalb der eigenen Gruppe, einschließlich der Weibchen, profilieren und durchsetzen kann (Hackreihe).

Und schon damals wurde sichtbar, daß einzelne Filme wie Fireplace, Cinderella, etc. nicht wirksam oder sogar kontraproduktiv arbeiteten.

Zeigte sich ein verblüffend enger Zusammenhang zwischen dem Werbeeinsatz und Abverkäufen. So entstand bei Levi´s eine Situation in der professionelle Markenführung gegen „europäische Harmonisierung“ bzw. persönliche Karriereplanung miteinander in Konflikt geraten sind.

Die firmeninterne Politik hat gesiegt. Aber der Markt ist gerecht.

Was ich damit sagen will: Levis ist ein gutes extremes Beispiel dafür, wie abhängig eine Marke von der emotionalen Problemlösung sein kann, die nur durch Kommunikation vermittelbar ist. Levis ist durch die „kommunikative Magic“ damals groß geworden. Und durch das Verlassen des richtigen kommunikativen Anti-Establishment-Pfades wieder klein.

Zusammengefaßt läßt sich sagen: Der BrainCluster-Ansatz kann in erheblichem Maße helfen, die emotionalen Befindlichkeiten und gefühlsmäßigen Notwendigkeiten von Zielgruppen gesamtheitlich besser zu erfassen und gleichzeitig helfen, besonderes Augenmerk darauf zu legen, ob die creativen Umsetzungen die Inhalte und die Tonality richtig und gut getroffen haben.

IX. TEIL:

BEISPIELE

WECHSELBEZIEHUNGEN ZWISCHEN BRAINCLUSTERN UND MARKEN

09.

BEISPIELE:

WECHSELBEZIEHUNGEN ZWISCHEN BRAINCLUSTERN UND MARKEN

MARLBORO: DREI KAMPAGNEN IN EINER?

Beispiele sind immer besonders hilfreich zur Veranschaulichung. Deshalb möchte ich das in den vorherigen Kapiteln Gesagte einfach einmal in einigen Beispielen versuchen nachvollziehbar zu machen.

Die Arbeit im Zigarettenfeld gilt als besonders schwierig: Entgegen der Beteuerungen der Stammverwender sind die Unterschiede zwischen den Produkten im Blindtest kaum noch bemerkbar: In der Regel ergeben sich im Blindtest keine signifikanten Unterschiede. Eine Situation, die sich inzwischen auf viele Konsumgüter wie Bier, Spirituosen, Waschmittel, Käse, Shampoos, etc. übertragen läßt.

Gleichzeitig hat sich auch die Qualität der Waren immer stärker angeglichen und eine gute funktionale Qualität wird heute von den Verbrauchern immer selbstverständlicher vorausgesetzt. Das beweist Stiftung Warentest jeden Monat wieder aufs neue. Der Gebrauchswert der Angebote wird immer selbstverständlicher vorausgesetzt.

Gleichzeitig gibt es aber zwischen den Ergebnissen von Stiftung Warentest und den Marktanteilen der Testmarken im Markt erhebliche Unterschiede. Das bedeutet, Design, Produkt- und Verwender-Images werden immer wichtiger. Was früher vor allem für Mode, Parfüm, etc. galt, wird heute für immer mehr Produkte des täglichen Lebens wie Körperpflegeartikel, Schokoladenriegel, Restaurantketten, Einkaufsstätten, Banken, Versicherungen, Reiseveranstalter und TV-Sender von entscheidender Bedeutung.

Wie muß und kann man sich aber eine Arbeit mit BrainCluster konkret vorstellen. Lassen Sie mich das an einem Beispiel versuchen zu erklären. Nehmen wir vielleicht den Bereich Zigaretten.

Menschliches Verhalten ist immer sowohl auf physiologische als auch psychologische Bedürfnisse zurückzuführen. Ist das Bedürfnis erfüllt, spürt man „Wohlgefühl" (well-being). Wird es nicht erfüllt, entsteht ein Gefühl von Mangel oder „Unwohlsein" (ill-being).

Wissen Sie zum Beispiel, warum bestimmte Personen rauchen? Und andere nicht?

Der physiologische Vorteil der Zigarette wird durch das Nikotin ausgelöst, das als starkes Nervengift über die Blutbahn Einfluß auf das Gehirn hat und Frustrationen dämpfen kann.

Aber es scheint völlig unterschiedliche Gründe zu geben, weshalb man gefrustet sein kann. Wie kann eine solche Konstellation nun innerhalb der Kommunikation einer Marke wirksam werden. Und wie läßt sich eine solche Fragestellung in den Kontext mit unseren BrainClustern bringen?

Dazu muß man wissen, daß Werbung als Wirkungsmechanik eigentlich relativ einfach funktioniert: Die Werbung muß der jeweiligen Zielperson das anbieten und versprechen, was diese gerne haben möchte, aber leider nicht hat.

Vielleicht benutzen wir als Beispiel dazu einfach einmal eine der Marken, die jeder kennt: Marlboro. Wie ordnet sich diese Marke im Zusammenhang mit unseren drei Gehirn-Grundtypen ein? Und warum ist diese Marke so groß geworden?

Angenommen es werden nur drei psychologische Grundbedürfnisse (wie bei BrainCluster) unterschieden:

das Bedürfnis nach Kompetenz und Performance

das Bedürfnis nach Autonomie und Thrill
das Bedürfnis nach Eingebundensein und Harmonie

Aber was ist mit all den anderen Bedürfnissen und Wünschen, werden Sie jetzt fragen: Ich wünsche mir zum Beispiel „Geld“ oder „berühmt“ zu sein. Nach empirischen Untersuchungen ist Geld kein Bedürfnis, sondern nur ein Motivator, da durch eine Erfüllung solcher Wünsche selbst noch kein „Wohlgefühl“ eintritt. Oder anders ausgedrückt: Hinter diesem Wunsch steckt eigentlich das Bedürfnis nach Power, Autonomie oder Sicherheit. Geld ist, so gesehen, nur ein Vehikel, um das dahinter stehende Bedürfnis zu erreichen und zu befriedigen.

Produkte und damit auch Marken können ebenfalls solch ein motivationales Potential haben, das man als Begehrlichkeit der Marke oder auch Faszination beschreiben kann. Und dieses motivationale Potential ist in einen sozialen Kontext eingebettet, der die Stärke der Motivation und damit des Interesses beeinflußt.

Die Magie von Produkten und Marken entsteht also nicht aus den faktischen Produkteigenschaften selbst, sondern diese sind nur Gründe für emotionale Nutzen, die sich daraus ableiten lassen. Und diese emotionalen Nutzen befriedigen die meistens nicht-bewußten Needs-Strukturen der Verbraucher.

Dabei müssen andere Menschen nicht einmal anwesend sein. Es genügt, wenn sie kognitiv im Gedächtnis der Zielperson repräsentiert sind. Es genügt, wenn sich der Verbraucher die Wirkung von Marken mit seinem gewünschten Selbstbild oder der vermuteten Wirkung auf sein soziales Umfeld vorstellt.

Denn werden in einem dieser Bereiche dauerhafte Defizite erlebt, so führt das zu einer Beeinträchtigung des Selbst, also des Selbstwertgefühls. Gelingt es nun dem Marketing bzw. der Werbung eine logische Kette zwischen diesen Bedürfnissen und dem Produkt bzw. der Marke herzustellen und damit längerfristig das Selbstwertgefühl zu stabilisieren, dann hat die Marke ein verblüffendes Ziel erreicht:

Die Marke wird zum therapeutischen Ansatz!

Was heißt das konkret für meine drei Hirn-Grundmuster? Alle drei BrainCluster-Gruppen sehen doch die gleiche Marke! Die gleiche

Packung! Die gleiche Werbung!

Ja. Und Nein.

Sie sehen die gleiche Werbung. Aber durch ihre selektive Wahrnehmung interpretieren sie die gleichen Bilder völlig unterschiedlich.

Lassen Sie mich das kurz erklären: Zunächst einmal kann man beweisen, daß es im Marlboro-Markt völlig unterschiedliche Teilgruppen gibt. Das kann man deutlich an den Marken erkennen, die nach der Marlboro im Marken-Relevant-Set in den Markenpräferenzen am nächsten kommen.

Manche bevorzugen dann die Camel. Andere die HB. Wieder andere leichtere Marken wie R6. Aber was kann man in den Cowboys so Unterschiedliches sehen? Oder hinein interpretieren?

Vielleicht sieht ein Stammhirn-Raucher in den Cowboys ein Märchen für Erwachsene: Die Guten und Bösen. Western. Männer, die hart arbeiten und als Belohnung den Genuß einer Zigarette haben: Entspannung. Männer, die füreinander einstehen: Eine verschworene Gemeinschaft, in der jeder selbstverständlich und unausgesprochen seine Position hat. Ohne Hierarchien. Eine Markenwelt, in der Frauen nicht vorkommen. Zeitlos schön. Zeitlos richtig. Alles an seinem angestammten Platz. Eine zeitlose Ordnung: Sicherheit.

Und wie erlebt ein Zwischenhirn die Werbung? Das ist das Abenteuer. Das Gegenteil von Alltag, Stadt und Normalität. Sich durchsetzen gegen die Naturgewalten: Gegen Gewitter. Schneesturm. Gegen die Rinderherde. Abenteuer. Männer. Kraft. Gefahr. Aktion. Ein Ausbruch. Weg. Raus. Am liebsten alles hinschmeißen. Und weg. – Geht nicht? Deswegen sitzt man im Kino und sieht Marlboro als Vorfilm vor dem Aktion-Horror-Fiction-Thriller-Knaller! Mit einer Projektionsfläche für das Ego: Autonomie und Thrill.

Und was haben die vielen jungen Frauen mit Wildwest und Cowboys am Hut? Direkt gar nichts. Sie interpretieren die gleiche Marke, die gleichen Bilder für ihre Bedürfnisse um. Es geht nicht um machohafte Männlichkeit. Für sie geht es um das Erwachsensein, um Freiheit im Sinne von Unabhängigkeit. Selbständigkeit.

Für die Frauen geht es darum, sich aus der konventionellen Rolle von

Küche, Kind und Kirche zu befreien. Aus der Abhängigkeit vom konventionellen Ernährerklischee: Durch Ausbildung, Beruf, Wohnung, Auto, eigene wirtschaftliche Unabhängigkeit die Alternativen zu erhöhen: Power. Macht und Einfluß zu erhöhen, um Abhängigkeiten zu reduzieren.

Aber was ist der Zusammenhang zum Marlboro-Cowboy? Die Mechanik dahinter: Erinnern Sie sich, wie fast alle Raucherlegenden beginnen? Fast jeder raucht in der Pubertät. Heimlich. In der Gruppe. Als Zeichen, daß man kein Kind mehr ist, sondern zu den Erwachsenen zählt. Und in unserer Kultur gelten klischeehaft Männer immer noch als erwachsener und unabhängiger als Frauen. Deshalb ist ein Mann dafür ein besseres Symbol. Aber selbst bei Männern gibt es Softies und wahre Männer: Der Cowboy steht als Symbol für Unabhängigkeit. Selbständigkeit. Erwachsener halt. Er ist sein eigener „Herr".

Deshalb. Junge selbständige Frauen, mit eigenem Beruf, eigener Karriere, eigenem Auto, eigener Wohnung. Und eigenem Kopf. Lösen ihre Anspannung: Rauchen drastisch stärker als der Durchschnitt.

Und warum ausgerechnet Marlboro Light? Weil Nikotin ein Gift ist. Und Gift muß man immer in Relation zum Körpergewicht dosieren. Und Frauen sind etwa zwanzig Prozent leichter als Männer. Marlboro Light auch.

Wenn Sie wissen, daß die Marlboro ursprünglich einmal als Frauenzigarette mit rotem Mundstück gestartet ist und wie schwer sie sich bis zur Cowboy-Kampagne getan hat, dann wird deutlich, daß bei diesem Erfolg eine Riesenportion Glück und die Qualifikation, auf der einmal gefundenen Goldader so konsequent zu focussieren, eine wichtige Rolle gespielt hat.

Soll heißen, diese Marke ist vielleicht so groß geworden, weil völlig unterschiedliche, voneinander unabhängige Zielgruppen das Gesamtpotential so groß werden ließen und eben nicht eine Beschränkung auf ein kleines Marktsegment stattgefunden hat.

Ein Märchen. Orte, Menschen und Tiere, die zwar real auf Fotos gezeigt werden. Und Marlboro ist trotzdem so merkwürdig unwirklich geblieben. Weil man versteht, daß dies nur ein Gleichnis ist. Eine Analogie.

Wie empfindlich diese Bilder (genauer Assoziations-Ketten) im Kopf reagieren, möchte ich Ihnen an einem kleinen Gedanken-Experiment aufzeigen. Stellen Sie sich vor:

Die Cowboys reiten durch den Schwarzwald.

Eine Boygroup sitzt im Sattel.

Die Ehefrauen kommen auf die Weide.

Die Cowboys bekommen ihre Kündigung.

Wenn man die obigen Ausführungen bis in die letzte Konsequenz zu Ende denkt, kann das so gar bedeuten, daß man sogar versuchen kann mit einer Marke alle drei verschiedenen BrainCluster zu bedienen. Dazu sind zwei Wege möglich:

Erstens könnte man drei unterschiedliche Kampagnen für das gleiche Angebot entwickeln. Unmöglich? Ein Beispiel: Vermutlich könnte ich die USA als Reiseland ohne große Probleme für die drei BrainCluster drei Mal völlig unterschiedlich interpretieren:

Im Schlauchboot den reißenden Grand Canyon runter.

Im Wohnwagen durch heile Natur.

Im Flugzeug zum Getty Museum, nach Silicon Valley, etc.

Natürlich müßte man sich völlig unterschiedliche Medien zur Schaltung suchen: Möglichst welche, die keine oder nur geringe Überschneidungen in der Leserschaft zwischen den drei BrainClustern haben, um die Konfusions-Möglichkeiten so gering wie nur möglich zu halten.

Entsprechende differenzierte Kommunikations- und Mediastrategien sind in den Vereinigten Staaten bereits für einzelne Marken realisiert worden, zum Beispiel für unterschiedliche soziodemografische Gruppen, verschiedene Bevölkerungsteile wie Schwarze, Latinos, Homosexuelle, etc.

Um so völlig unterschiedliche Zielgruppen in der heutigen Zeit zu erreichen, würde man höchstwahrscheinlich die Auswahl ziemlich extremer Titel oder Spartenkanäle im Fernsehen benutzen, bzw. die TV-Schaltung zu unterschiedlichen Tageszeiten einsetzen (wie zum Beispiel im Fernsehen am Vormittag oder frühen Nachmittag), wenn die Masse der Erwachsenen im normalen Arbeitsprozeß eingebunden ist.

Sollte wie im Beispiel TV-Spielfilm beschrieben die Differenzierung von Fernseh-Programm-Zeitschriften konsequent weitergeführt werden, wäre auch hier ein Ansatz; denn die Käuferreichweite der Programmzeitschriften addiert sich fast völlig ohne Überschneidungen, weil in kaum einem Haushalt mehrere Programmzeitschriften nebeneinander benutzt werden.

Zweitens könnte man prüfen, ob man nicht eine Kampagne so gestaltet, daß der zentrale Nutzen der Marke zwar von der Gesamtkäuferschaft gleichermaßen verstanden wird, aber die sozial-emotionale Komponente von den drei BrainClustern unterschiedlich interpretiert wird.

Was in der Theorie sehr kompliziert oder gar unmöglich klingt, wollte ich an dem konkreten Beispiel Marlboro nachvollziehbar machen. Aber alles deutet darauf hin, daß es der Marke Marlboro gelungen ist.

Egal, ob dieser Denkansatz bis ins letze Detail richtig ist: Die Erfahrung aus dem Bereich von Buch und Filmbestseller läßt die Vermutung zu, daß das Geheimnis vieler Bestseller darin liegt, daß für unterschiedliche Zielgruppen-Potentiale in einer Story unterschiedliche Schwerpunkte wahrgenommen werden können:

Ist der Medicus ein Abenteuer-, Arzt-, kulturgeschichtlicher oder historischer Roman? Ist die Titanic ein Katastrophenfilm, eine Liebesgeschichte, ein historisches oder sozialkritisches Dokument? Warum sind Millionen von Kinobesuchern bloß in diesen Film gegangen, wenn doch allen das Ende völlig klar war?

DAS BEISPIEL FERNSEHZEITSCHRIFTEN.

Zur Zeit sind wir gerade dabei, in einer scheinbar generischen Produktkategorie, nämlich dem Verkauf von Fernseh-Programm-Informationen, wie sie genau genommen in jeder Fernsehzeitschrift gleichermaßen geschieht, zu optimieren.

Die Frage ist: Wie kann man aus dem Abdrucken von normalen Fernsehprogrammen, wie sie jeder Programmzeitschrift zur Verfügung stehen, einen relevanten Vorteil für unterschiedliche Zielgruppen herausarbeiten? So eindeutig besser auf die Bedürfnisse des Potentials ausgerichtet, daß sich unsere Chancen erhöhen, bevorzugt gekauft zu werden oder einen höheren Preis zu rechtfertigen.

Der unglaubliche Erfolg der beiden Fernsehtitel TV Spielfilm und TV Movie im Sinne einer Teilmarktkategorie wird so auf einmal nachvollziehbar und als Erfolgssystematik deutlich sichtbar. An diesem Beispiel wird übrigens sehr schön deutlich, daß Marketing im Sinne von Teilmärkten und nicht von Einzelmarken funktioniert: Denn die beiden Titel benutzen beide gleichermaßen die Erfolgsfaktoren wie zwei eineiige Zwillinge. Insofern gilt alles für den einen Titel Gesagte auch stellvertretend für den anderen.

Mit unserem Hintergrundwissen können wir fünf wesentliche Erfolgsfaktoren ausmachen:

1. TV-Spielfilm stellt nicht mehr wie alle anderen Fernseh-Zeitschriften das Gesamtprogramm aller Sender gleichwertig nebeneinander.

2. TV-Spielfilm stellt nur eine bestimmte Auswahl an Filmen heraus: Filme für Zwischenhirne. Alles was Thrill auslöst: Thriller, Horror, Science Fiction, Action, Erotic, Trickfilm, Musik, Videos-Clips. Das heißt die Zeitschrift kümmert sich nur um die für diese Zielgruppe interessanten Sende-Formate. Keine Lindenstraße, Schwarzwaldklinik, Traumhochzeit, Gute Zeiten, schlechte Zeiten ...

3. Im redaktionellen Mantel vor dem Programmteil wird nicht der Versuch gemacht, eine Hilfs-Illustrierte mit angeschlossenem Fernseh-Programm zu sein. Auch im redaktionellen Teil focussiert sich die Zeitschrift ausschließlich um diese Sendeformate. Was ist neu. Was muß man wissen. Was entspricht den Wünschen und Bedürfnissen dieser Zwischenhirn-Typen: Fein bewertet nach Kriterien dieser Gruppe, einschließlich Gesamturteil – Daumen hoch, Daumen runter.

4. Die Gestaltung der TV-Spielfilm ist erheblich jünger, frischer und zeitgemäßer. Mit einem Farb-Code, der eine schnelle signalhafte Wiedererkennung möglich macht: ein Piktogramm. Gegen TV-Spielfilm sehen die anderen Fernseh-Titel ein bißchen „altbacken" aus. Irgendwie ein wenig spießig.

5. TV-Spielfilm erscheint vierzehntägig und das mit einem relativ günstigen Preis. Während die übrigen Programm-Anbieter wöchentlich erscheinen, brach TV-Spielfilm als erstes mit dieser Tradition und verhielt sich unkonventionell. Eine Tonality, die im Sinne von Anti-Establishment von der Zielgruppe positiv gesehen wird. Und der Preis für vierzehn Tage Programm wird als Value for money erlebt, ohne den Geruch von billiger Armut.

Eine Erfolgsstory, kein Zweifel! Aber was lernen wir daraus. Oder was könnten die Zeitschriften-Verlage daraus lernen? Wenn ich an deren Stelle wäre, würde ich versuchen die Erfolgs-Rezeptur für mich selbst zu nutzen und systematisch prüfen: „Wie müßte denn wohl eine Fernseh-Programm-Zeitschrift für Stammhirn-Dominante oder Großhirn-Typen aussehen?"

Welche Fernseh-Formate bevorzugen die denn? Welche Hintergrundstories lassen sich zu „Making of ....." finden? Welche Ordnungskriterien braucht der Großhirntyp: Vielleicht Nachrichten und Hintergründe? Wirtschaft. Politik. Kulturgeschichte. Archäologie. Psychologie. Oder anders ausgedrückt: Welche Zeitschriften und Bücher liest er denn sonst noch? Und warum?

Oder um den Gedanken etwas auszuweiten: Läßt sich nicht der ganze Zeitschriften-Markt in dieses Grobraster ordnen. Und ergeben sich dann vielleicht auf einmal neue Blickwinkel, welche Angebote im direkten und indirekten Wettbewerb zueinander stehen. Entstehen so eventuell Relevant Sets und Volume Sources, die man auf einmal inhaltlich erklären und richtig prognostizieren kann?

WARUM WIR DIE KATEGORIE MEDIEN ÜBERHAUPT AUSGEWÄHLT HABEN?

Weil sich an diesem Beispiel ein Gedanke wunderschön weiterspinnen läßt: Bestimmte Gehirntypen bevorzugen besonders bestimmte Medieninhalte und Sendeformate. Oder lehnen diese ab. Einzelne Medien wie der Fernsehsender Pro 7 oder die Programm-Zeitschrift TV Spielfilm bieten diese bestimmten Sendeformate für ihre Zielgruppe besonders konzentriert an. Dann sollte man annehmen, daß Warengruppen, die von diesen Zwischenhirn-Typen überdurchschnittlich bevorzugt werden, in diesen Medien auch überdurchschnittlich effektiv zur Werbung eingesetzt werden können.

Das bedeutet, daß die Werbung für einige Produktkategorien und innerhalb der Warengruppen wieder einzelne Marken in bestimmten Medien WIRKSAMER sind, weil die richtige Zielgruppe genauer getroffen wird. Wohlgemerkt, nicht mehr sortiert nach den üblichen sozio-demographischen Merkmalen „Frauen, zwischen 19 und 40 Jahren, leicht erhöhtes Einkommen", wie es noch heute in vielen Media-Suchläufen verwandt wird.

So herum betrachtet, sind die Medien-Kategorien und die einzelnen

„Zeitungs-, Zeitschriften- und Fernseh-Kanal-Marken" auf einmal ein guter Hauptnenner, um Warengruppen und Marken sinnvoller zu ordnen.

Das bedeutet nichts anderes, als daß wir von den Gehirntypen, über Produktgruppen zu Produktmarken und von da über Medien-Kategorien zu Medien-Titeln eine sinnvolle Struktur herstellen können. Und zwar so gut und präzise, daß mit relativ wenigen Kriterien auf einmal überwiegend richtige Prognosen zur Kategorie-Bevorzugung, der Marken-Wahl, zur bevorzugten Medien-Kategorie bis hin zu den Einzeltiteln bzw. Einzelsendern möglich wird.

Haben wir noch etwas vergessen? Ja! – Die Einkaufsstätten.

Vielleicht macht es Ihnen Spaß, mir bei dem folgenden Gedankengang zu folgen: Wo kaufen Sie überwiegend ihre Oberbekleidung ein? In der Boutique beim Herrenausstatter? Im Versand bei Otto? Bei C&A? Bei H&M? Im Fachhandel? Kaufhaus? Bei Adler auf der Wiese?

Wo kaufen Sie ihre Wurst ein? Beim Metzger? Im Verbrauchermarkt an der Bedienungs-Theke? Oder beim Discounter als abgepackte Ware?

Woher haben Sie Ihr Bier? Vom Getränkeabholmarkt? Vom Discounter? Aus der Tankstelle? Oder aus dem Verbrauchermarkt?

Kommt Ihr Kaffee vom Tchibo-Geschäft? Oder vom Bäcker? Vom Aldi oder aus dem Verbrauchermarkt?

Sie ahnen sicher schon, worauf ich hinaus will? In welcher Medienkategorie und bei welchem Zeitschriften-Titel, Zeitungs-Titel oder Sender würden Sie als Einkaufsstätte ihre Werbung schalten und plazieren?

Alle Waren müssen durch das Nadelöhr Handel. Was liegt also näher als zu prüfen, ob bestimmte Gehirntypen nicht deutliche Schwerpunkte bei der Bevorzugung von einzelnen Handelskanälen und Einkaufsstätten haben. Und die haben sie.

Was bedeutet das für uns?

Wir können, vermutlich zum ersten Mal, anhand einer relativ einfachen Grundstruktur, nämlich den Gehirntypen, eine Präferenz von Produktkategorien und einzelnen Marken-Relevant-Sets, von Medien-Kategorien und einzelnen Sendern, Zeitschriften, Zeitungen, sowie von Handelskanälen und Einkaufsstätten-Marken miteinander in sinnvolle Beziehungen setzen.

Und mit hoher Wahrscheinlichkeit richtig prognostizieren!

Wir verfügen auf einmal über eine ÜBERGEORDNETE DENK-STRUKTUR!

Eine Denkstruktur, die den Angeboten eine gewisse Magie verleiht, weil sie den übergeordneten, emotionalen Grundbedürfnissen der unterschiedlichen BrainCluster-Gruppen scheinbar so mühelos folgt.

X. TEIL:

BRAINCLUSTER UND MEDIASELEKTION BZW. PLAZIERUNGS-OPTIMIERUNG

10.

BRAINCLUSTER UND MEDIASELEKTION BZW. PLAZIERUNGS-OPTIMIERUNG.

Warum komme ich immer wieder auf die Kategorie Medien zurück? Weil am Beispiel einer Zeitschrift wie Brigitte oder dem Spiegel die Verdichtung von bestimmten Leserinteressen deutlich wird: Die Zeitschrift muß die Themen bringen und interessant aufbereiten, die für ihre Leserzielgruppe von hohem Interesse sind. Sonst werden die Titel nicht gekauft.

Gleichzeitig stehen durchschnittlich in jedem Stern oder Spiegel hundert und mehr Anzeigen. Eine Selbstverständlichkeit. Aber die Produktkategorien und Dienstleistungen werden ja genau aus dem Grunde in diesen Titeln geschaltet, weil man sich hier eine überdurchschnittliche Effektivität verspricht.

Wenn das richtig ist, dann müßten bestimmte Warengruppen in bestimmten Titeln weit überdurchschnittlich auftauchen. Oder gar nicht. Und dann müßten auch bestimmte Marken (Konzepte) in manchen Zeitschriften erkennbar unterschiedlich häufig auftauchen. Oder gar nicht. Denn hinter redaktionellem Umfeld und Marken (Angeboten von Problemlösern) steht bei einer Zeitschrift die gleiche Käufer- und Leserschaft. Und genau das ist auch der Fall.

Das bedeutet, daß eigentlich durch die Medien offensichtlich schon immer eine Art übergeordnete Struktur, eine Art Gruppierung, durchgeführt worden ist. Aus pragmatischen Gründen hat sich im Laufe der Zeit eine überwiegend sinnvolle Struktur herausgebildet.

Aber die Struktur ist offensichtlich bisher noch sehr grob: Denn wenn man die Kriterien der Media-Suchläufe von Media-Agenturen betrachtet, wird deutlich, daß man mit der Media-Analyse und seinen sozio-demographischen Merkmalen offensichtlich immer noch erhebliche Fehlstreuungen in Kauf nehmen muß. Und alle Versuche durch die Media-Analyse und VA eigentlich nur Hilfskriterien bereitstellen.

Das gleiche Problem wird aus einem anderen Blickwinkel ebenfalls deutlich, wenn man die Informations-Unterlagen der Verlage und Anzeigenvertreter einmal genauer unter die Lupe nimmt: Da wird primär immer noch mit den Auflagensteigerungen nach Altersgruppen und Schichtungen argumentiert. Offensichtlich weil man zwar über große Mengen von quantitativen Daten verfügt, aber nur begrenzt über qualitative: Zumindest solche, welche viele Zeitschriftentitel oder Sender mit den vielen unterschiedlichsten Warengruppen und Dienstleistungen sinnvoll in Verbindung bringen.

Lassen Sie mich das an einem konkretem Beispiel erklären:

Gestern, an einem normalen Tag im deutschen Fernsehen, wurden durchschnittlich insgesamt 3.700 TV-Spots über alle deutschsprachigen Fernsehsender ausgestrahlt: Zusammengenommen und aneinandergereiht über 24 Stunden ein Fernsehspot nach dem anderen.

Wenn Sie, wie ein Durchschnittsdeutscher gestern Fernsehen geschaut hätten, dann haben Sie vermutlich circa fünfzig Spots gesehen. Oder anders ausgedrückt: Auch wenn Ihnen die häufige Werbeunterbrechung schon mehr als genug war, haben Sie weniger als ein Prozent der Ausstrahlungsdosis abbekommen: Über neunundneunzig Prozent der Werbung ist an Ihnen vorbei gegangen.

Und auf das „bißchen" Werbung baut das ganze Marketing, in der Hoffnung, die richtige, relevante Information an die richtigen Leute vermittelt zu haben.

Aber wie sicher kann man sich sein, daß das richtige Käuferpotential erreicht wurde: Oder waren die Spots im falschen Sender. Zur falschen Zeit. Bei den falschen Sendeformaten. Denn alle Versuche zeigen, daß die bisherigen quantitativen soziodemografischen Daten kaum eine vernünftige Vorhersage des Verwendungsverhaltens von Produktkategorien geschweige denn von Marken ermöglichen. Oder anders ausgedrückt: Man hat so gut es ging über die quantitativen Daten in die richtige Richtung gezielt und dann mit Schrot geschossen. So gut es eben ging. Was soll man in einem solchen Fall auch sonst tun?

Das zentrale Problem: Zielgruppe und Nichtzielgruppe werden, weil man sie bisher nicht besser voneinander trennen kann, gleichermaßen mit teurer Werbung beschallt. Was aber, wenn man zusätzlich zu den soziodemografischen Daten nun zusätzlich ein relativ einfaches qualitatives Bewertungskriterium zur Verfügung hätte, mit dem man Potential und Nichtpotential erheblich besser von einander trennen könnte.

Jetzt verfügt man auf einmal über eine Möglichkeit, das Potential innerhalb von bestimmten Produktkategorien, in vielen Fällen sogar von einzelnen Marken, mit deutlich höherer Wahrscheinlichkeit richtig vorherzusagen. Oder anders ausgedrückt: Durch den konsequenten Ausschluß von Nichtpotential erhöht sich die Trefferquote erheblich. Das eingesetzte Geld arbeitet prozentual um so effektiver, je stärker es gelingt nicht mehr daneben zu zielen.

Wir verfügen über das Nutzungsverhalten der unterschiedlichen BrainCluster auch für die wichtigsten Medien: Fernsehsender, Zeitschriftentitel, Radio, Plakat. Durch unsere Studien ist bekannt, welche Mediengattungen und Einzeltitel in welchem Maße von den einzelnen BrainCluster-Gruppen bevorzugt gekauft, gelesen und gesehen werden. Die Medien sind quasi mit qualitativen Daten zusätzlich gewichtet worden.

So können die Zielgruppen-Potentiale der einzelnen Warengruppen und Dienstleistungen präziser definiert werden und mit der Kenntnis verknüpft werden, welche Medien von diesen Personen tatsächlich bevorzugt werden.

Die ersten Versuche brachten so starke Effektivitätssteigerungen, daß wir Sorge hatten, als unglaubwürdig dazustehen. Aber die Logik ist zwingend: Wenn es gelingt, für eine Warengruppe das echte Potential besser als bisher von der Nichtzielgruppe abzugrenzen, vermeiden wir die teuer bezahlten aber sinnlosen Mediakontakte innerhalb des Nichtpotentials. Teures Werbegeld wird nur dort eingesetzt, wo es auch wirksam werden kann.

Weil wir neben den üblichen quantitativen Media-Planungsdaten wie „Hausfrauen, im Alter von 20 bis 40 Jahren, HH-Einkommen über DM 2.500“ noch zusätzlich diese qualitativen Kriterien einsetzen können, dann steigt die „Treffergenauigkeit“ schnell um zwanzig, dreißig Prozent.

Zwanzig, dreißig Prozent, mit denen nicht danebengeschossen wurde: Zwanzig, dreißig Prozent, mit denen die richtigen Verbraucher erreicht wurden. Zwanzig, dreißig Prozent Effektivitätssteigerung. Das entspricht einer Steigerung der Wirksamkeit eines Zehn-Millionen-Massmedia-Budgets von zwei bis drei Millionen Mark. Wann hatten Sie zum letzten Mal eine solche Budgeterhöhung???

Aber wir können sogar noch mehr tun. Was?

Nun, wir wissen für unsere BrainCluster-Gruppierungen sehr genau, welche redaktionellen Themen sie überdurchschnittlich interessieren, bzw. völlig kalt lassen. Und haben zum Beispiel für die Fernsehsender mehr als achtzig Sendeformate auf Attraktivität überprüft. So können wir vernünftige Aussagen über die Wahrscheinlichkeit machen, welche Gruppen der BrainCluster welche Sendungen bzw. Artikelthemen bevorzugt beachten. Und so die Chance weiter erhöhen, durch richtige Plazierung unser wirkliches Zielgruppenpotential zu erreichen.

Erkannte Potentiale präziser auf (auch) nach qualitativen Merkmalen ausgesuchten Medien auszurichten und genau bei den die Zielgruppe interessierenden Themen zu plazieren, hat nicht nur rein wirtschaftlich erhebliche Vorteile. Sondern verbessert auch die subjektive Qualität des benutzten Werbeträgers, also des Senders oder der Zeitschrift.

Vielleicht haben Sie auch schon einmal völlig genervt in der Werbepause wegezappt? Warum? Weil gerade für ein „Low interest-Produkt“ geworben wurde, das Sie so gar nicht interessiert? Lassen Sie mich einmal unsere Interpretation dieses Verhaltens schildern.

Wir gehen davon aus, daß es überhaupt keine „Low interest-Produkte“ gibt! Low interest ist immer nur, für was man sich selbst nicht interessiert. Ich persönlich habe zum Beispiel kein Interesse an Autos, Herrenmode, Schmuck, Spirituosen, Zigaretten, Bausparkassen, Süßwaren, etc. Für die Zielgruppen-Potentiale dieser Produkte sind diese aber höchstwahrscheinlich „high interest“.

Unserer Meinung nach ist das Zapp-Verhalten und der ewige Ruf der Verbraucher nach mehr Unterhaltung in der Werbung vor allem darauf zurückzuführen, daß Werbung auf „Nichtzielgruppen“ trifft.

„Unterhaltung in der Werbung wird verstärkt immer dann gefordert, wenn Nichtzielgruppen für sie nichtrelevante Produkte angeboten werden oder die Kommunikation nicht optimal für das Potential aufbereitet worden ist.“ Deshalb „verlangen“ diese Personen aus ihrer Sicht zu Recht, wenn sie schon die Warengruppe und die Marke nicht interessiert, dann sollen die Werbespots wenigsten so unterhaltend sein, daß sie Spaß daran haben.

Oder anders ausgedrückt: Themen und Themen-Aufbereitungen (Tonalities) in den Medien, die nicht mit dem Lebensmodell der Leser oder Zuschauer übereinstimmen, werden als ausgesprochen störend erlebt. Häufig unbewußt, ohne daß die Verbraucher es wirklich klar artikulieren können.

Präziser auf die Zielgruppen ausgerichtete redaktionelle Themen und relevante Produktgruppen in der Werbung verstärken nicht nur gegenseitig ihre Effektivität, sondern werden auch qualitativ von den Sehern als besser empfunden. So können als störend empfundene Informationen für Nichtpotentiale leichter vermieden werden.

Das gleiche ursächliche Problem steht offensichtlich auch hinter den Versuchen, durch ein richtiges redaktionelles Konzept die Auflage des Sterns oder anderer Titel zu halten oder zu erhöhen. Man spürt zwar bestimmte Zusammenhänge, aber kann sie nicht sauber fassen. Und schon gar nicht im Gesamtkontext der eher emotional gesteuerten Endbenefits der Leser sehen und verstehen. So wie es der BrainCluster-Ansatz tut.

Im Spiegel, der Zeit oder Focus und der Bild-Zeitung wird selbstverständlich über Politik berichtet. Aber die Chefredakteure haben intuitiv gespürt, daß die ursprünglich gleiche Nachricht für unterschiedliche Lesergruppen für ihr jeweiliges Weltmodell (BrainCluster) sehr verschieden aufbereitet werden muß. Oder sie wurden wegen der Konsequenzen in der Auflagenentwicklung gefeuert.

XI. TEIL:

BRAINCLUSTER FÜHRT ZU EINEM ERSTEN INTEGRIERTEN MARKETINGANSATZ

11.

BRAINCLUSTER FÜHRT ZU EINEM ERSTEN INTEGRIERTEN MARKETINGANSATZ.

BrainCluster ist der neuartige übergreifende Ansatz, der von einer vorliegenden Gehirnstruktur ausgeht. Die Disposition von mindestens drei übergeordneten Grundverhaltens-Mustern führt zu unterschiedlichen Needsstrukturen (Bedürfnissen) aus denen sich die Kategorie- und Marken-Benefits (Versprechen) der konzeptionellen Marketingansätze ableiten lassen.

Die drei, bzw. sechs unterschiedlichen BrainCluster führen zu unterschiedlichen Präferenzen und damit zu unterschiedlichem Verwendungs-Verhalten bei den verschiedenen Produktkategorien und Dienstleistungen. Theoretisch läßt sich vermutlich fast jede Produktkategorie oder Dienstleistung auf die spezifischen Anforderungen der unterschiedlichen BrainCluster ausrichten. Dadurch lassen sich konzeptionell ausreichend eigenständige Positionierungen innerhalb einer Produktkategorie herstellen.

Die verschiedenen BrainCluster haben höchstwahrscheinlich auch verschiedene Präferenzen der Sinne (siehe NLP und die Theorie der Wahrnehmungskanäle) und damit von unterschiedlichen Medien. Die optimale Anpassung der einzelnen Medien müßte sowohl über die angebotenen Inhalte als auch über die Tonality gesteuert werden. So optimierte Medien unterliegen den gleichen konzeptionellen Kriterien wie andere Produkt- und Dienstleistungs-Angebote auch.

Es ist absehbar, daß eine bessere Anpassung von den Produkt- und Dienstleistungsangeboten mit den zur Verfügung stehenden Medien nach den gemeinsamen BrainCluster-Kriterien zu einer erheblichen Steigerung der Effektivtät von teueren Massmedia-Ausgaben führt.

Zum ersten Mal ließe sich eine durchgehende Kette von Verhaltens-Schwerpunkten zwischen

BrainCluster	(Harmonizer, Thriller, Performer)
Präferenz von Verwendung von Warengruppen	(wie Bier, Wein, Sekt)
Präferenz von Kategorie-Teilmärkten	(von Pils, Weizen)
Präferenzen von Marken-Relevant-Sets	(wie Becks, Warsteiner, etc.)
Präferenzen von Medien-Kategorien	(wie TV, Kino, Zeitschriften)
Präferenzen von Kategorie-Teilmärkten	(wie Sport-, Nachrichten-, Frauen-Titeln)
Präferenzen von Medien-Inhalten	(wie Klatsch, Mode, Börse)
Präferenzen von Titel-Relevant sets	(wie TV Spielfilm, TV Movie, etc.)
Präferenz von einzelnen Titeln, Sendern	(wie Spiegel, Pro 7)
Präferenzen von Einkaufsstätten-Kategorien	(wie Versand, Discounter)
Präferenzen von Einkaufsstätten-Teilmärkten	(wie Boutique, Fachhandel)
Präferenzen von Einkaufsstätten-Marken	(wie Aldi, Douglas, Otto, Karstadt)

Diese Beispiele lassen sich ohne Probleme auch in völlig andere Bereiche von Dienstleistungen und Gebrauchsgüter analog übertragen: Auf Pauschalreisen, Geldanlagen, Autos, Möbel, Schmuck, Parteien, usw.

Das bedeutet: BrainCluster verknüpft Endbenefits, Needs, Kategorien, Medien und Einkaufsstätten miteinander. BrainCluster ist der Ansatz, der ausgehend von einer vorliegenden Gehirnstruktur die Disposition von mindestens drei übergeordneten Verhaltensmustern, die zu unterschiedlichen Needsstrukturen (Bedürfnisse) führen, aus denen sich die Benefits (Versprechen) für konzeptionelle Ansätze ableiten lassen.

Ausgehend von dem individuellen Verbraucher ergibt sich durch BrainCluster die folgende Marketing-Kette:

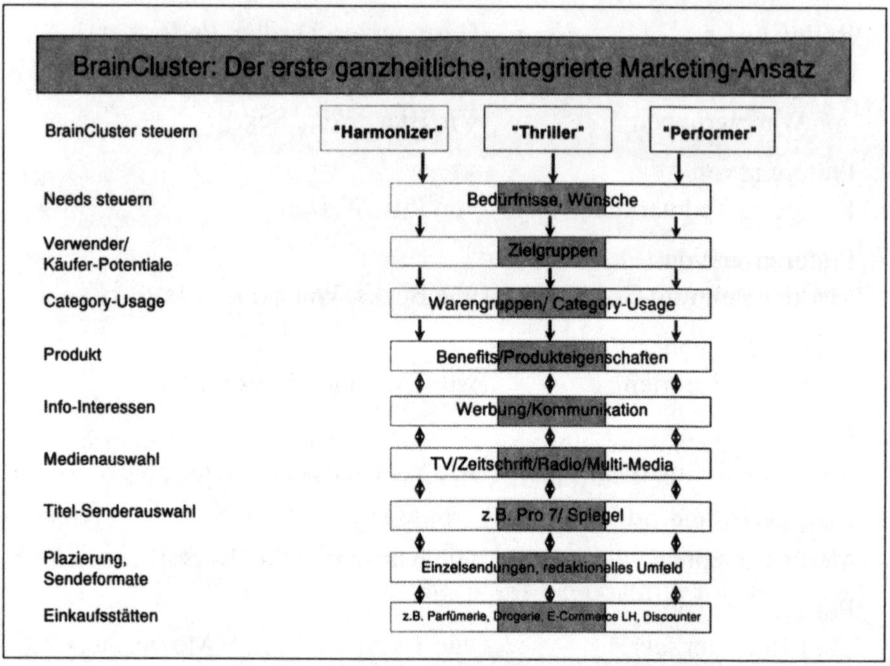

Es liegt auf der Hand, daß mit dem Wissen von BrainCluster und MarkenMonopolen (vergleichbar Mendel und Darwin) die Chancen erheblich steigen, ein optimales Angebot für differenzierte Zielgruppen zu entwickeln oder zu optimieren: Denn nun sind Potential und Nichtpotential anhand von Wiederauffindungs-Systemen sauber voneinander zu trennen, die Zielsetzungen sind definierbar und die Umsetzungen im Pretest mit hoher marktnaher Prognosefähigkeit auf Wirksamkeit zu überprüfen.

Zielgruppenpotentiale lassen sich
- auffinden und voneinander abgrenzen
- emotional und im Verhalten bildhaft, ganzheitlich beschreiben
- nach emotionalen und faktischen Anforderungen definieren
- durch wenige Filterfragen lassen sich Zielgruppen wiederauffinden und pretesten
- nach Wahrnehmungskanälen, Medien und Titeln definieren
- nach Einkaufsstätten-Kategorien und Einzelhandels-Marken definieren

Das bedeutet, daß zum ersten Mal nicht nur systematisch Produkte und Marken entsprechend der Benefitstruktur entwickelt und verbessert werden können, sondern aus einem übergeordneten Grundbedürfnis abgeleitet alle wesentlichen Teile des Marketing systematisch ausgerichtet und optimiert werden können: Ein ganzheitliches und integriertes Marketing.

BRAINCLUSTER WIRKT WIE EIN MARKETING-HOLOGRAMM: CATCH YOUR STARTINGPOINT.

Eines der faszinierenden Vorteile von BrainCluster liegt darin, daß man von jedem Teil des Puzzles auf das Gesamtbild schließen kann: Wie bei einem Hologramm. Es ist nicht nur ein Marketingwerkzeug für Produkte oder Dienstleistungen.

Man kann genauso gut auch die Medien in den Mittelpunkt stellen und von dort aus auch die Zielgruppe in ihrem Verhalten in bezug auf Marken und Dienstleistungen verfolgen. Oder die Einkaufsstätten als Ausgangsbasis definieren und prüfen, welche Sortimente und Marken wohl stimmig zueinander gehören. In welchen Medien mit welcher Tonality die Angebote sinnvollerweise vermarktet werden sollten.

Und wenn man weiter in dies Details hinein schauen möchte, bieten die Werkzeuge wie Psychodrama, GAP-Analyse und MOT-Wirkungsprüfung die Möglichkeit alle Marketingmix-Faktoren optimal aufeinander abzustimmen.

BrainCluster		Beispiel
Needs-Struktur	X O O O O	Frustreduktion
Benefit-Struktur	X O O O O	Selbstsicherheit
Produkt-Kategorie-Struktur	O X O O O	Zigarillo
Brand-Relevant-Struktur	O X O O O	Davidoff
Media-Kategorie-Struktur	O O X O O	Zeitschrift
Media-Titel (Brand)-Struktur	O O X O O	Golf, Yacht
Redaktions-Struktur	O O O X O	Informationen
Plazierungs/Format-Struktur	O O O X O	In-Out-Liste
Einkaufsstätten-Kategorie-Struktur	O O O O X	Fachhandel
EKS- Marken (Brand)-Struktur	O O O O X	Duty free

Oder anders ausgedrückt: Genau genommen ist es möglich, an jeder Stelle innerhalb der Ursachen-Wirkungs-Kette anzufangen und, wenn man ein Fadenende erst einmal in der Hand hat, das ganze Knäuel aufzurollen. Vorausgesetzt man bleibt in der Denkstruktur von BrainCluster.

BRAINCLUSTER VERKNÜPFT BISHER ISOLIERT GESEHENE MARKETING-KOMPONENTEN.

Für viele Warengruppen gibt es zum ersten Mal mit BrainCluster einen Ansatz, um sinnvolle Potentiale und Käuferreichweiten für einzelne Teilmärkte zu bestimmen. Und der inhaltliche Ansatz versetzt die Agenturkreativen und Chefredakteure in die Lage, die Wünsche und Bedürfnisse und damit die Nutzenebene so gut zu verstehen, daß die Angebote besser ausgerichtet und die Kommunikation bis hinein in die Tonality auch auf die gefühlsmäßigen Wünsche ausgerichtet werden können.

Der Ansatz läßt es zu, daß von den Needs-Strukturen der BrainCluster über die Warengruppen und Marken, von den Medien bis zu den Handelskanälen ein Gesamtbild der Verwender, der Kommunikationsflüsse bis hin zu den Einkaufsstätten verfolgt und verknüpft werden können.

Was fehlt in diesem Bild ist die Klärung im Detail: Über den BrainCluster Ansatz kann man zwar durch Indizien Vermutungen darüber anstellen, was überhaupt genau zum Konsum der einzelnen Warengruppen wie Wein, Bier, Schnaps, Sekt , etc. führt. Und warum innerhalb der einzelnen Teilmärkte die jeweiligen Marken nun tatsächlich bevorzugt werden.

Aber wer das genau im Detail geklärt haben möchte, dem steht ja mit dem MarkenMonopol-Konzept ein Markt-Wirkungs-Modell zur Verfügung, um eine Marke wirklich präzise auf die Needs-Struktur des jeweiligen Zielgruppen-Potentials ausgerichtet zu führen und zum Marktführer innerhalb der Teilmarktes zu entwickeln.

Das bedeutet, die beiden Ansätze BrainCluster und MarkenMonopol-Konzept sind sich gegenseitig ergänzende Marketing- und Forschungs-Systeme, um aus Marketing eine multiplizierbare, prognostizierbare Ursachen-Wirkungs-Kette zu entwickeln.

Dieser Ansatz wird sicherlich von all denen angegriffen werden, die sich auf ihre Intuition und ihre unendliche Erfahrung als Experten herausgeredet haben. Ein solcher nachvollziehbarer, nachprüfbarer Ansatz wie Brain-Cluster läßt weniger Raum für „Narrenfreiheit“.

Diese Erkenntnisse werden schnell Einfluß auch auf die begleitende passive Marketingarbeit der quantitativen Erfolgskontrolle durch Tracking, Mediaplanung, Werbemonitoring und der Kontrolle das Konsumverhaltens im Haushaltspanels einschließlich der Einkaufsstättenwahl haben.

Denn ein BrainCluster-Ansatz kann die Prognosesicherheit dieser Instrumente erheblich steigern. Das Hauptproblem dieser Instrumente liegt natürlich darin, daß man repräsentative Massen befragen muß. Das ist für die konkrete Marketingarbeit nur insofern ein Problem, weil die Messung von Erfolg nicht in der Gesamtmasse relevant ist, sondern selbstverständlich nur im Zielgruppen-Potential selbst. In der Zielgruppe „alle“ ist häufig niemand zu erreichen!

Denn es stellt für die Marketingfrau oder den Marketingmann natürlich die Frage:

In welchen Maße habe ich mein Potential
- tatsächlich schon ausgeschöpft?
- durch die Medien überhaupt erreichen können?
- mit der Werbebotschaft tatsächlich penetrieren können?
- eine Veränderung des Markenbildes vermitteln können?
- zu Probierkäufen veranlassen können?
- zu Wiederkäufen gebracht?
- zu Heavy Usern machen können?

XII. TEIL:

DER KÜNFTIGE EINFLUSS VON BRAINCLUSTER AUF DIE FORSCHUNG

12.

DER KÜNFTIGE EINFLUSS VON BRAINCLUSTER AUF DIE FORSCHUNG

Was bedeutet der BrainCluster Ansatz für die tägliche Marktforschungarbeit? Er schafft eine übergeordnete Marktsicht: Er führt zu einer weiteren Annäherung der scheinbar gegensätzlichen Positionen von quantitativer und qualitativer Marktsicht und Forschung.

DAS PROBLEM: REPRÄSENTATIVE MASSEN BEINHALTEN POTENTIAL UND NICHTPOTENTIAL.

Dahinter steht die immer gleiche Problematik: Daß eine Aussage für eine repräsentative Masse genau genommen weniger Aussagekraft hat, weil man die sehr unterschiedlichen Ergebnisse der verschiedenen Teilmärkte zu einem Gesamtdurchschnitt zusammenfaßt.

Und in der Regel sind nicht einmal die Marken, die untereinander in einem direkten Wettbewerbsverhältnis stehen und die Volume source darstellen (Marken-Relevant-Set) erkennbar. Alles was man tun kann, ist das Gesamtergebnis im Sinne von periodischen Veränderungen gegeneinander zustellen und mit Intuition und Erfahrung, hoffentlich richtig, zu interpretieren.

Diese Gesamt-Informationen werden in dem Augenblick enorm aussagefähig, wenn es gelingt die Gesamtmasse in sinnvolle Teilgruppen zu gruppieren, daß unterschiedliche Potentiale sauber voneinander getrennt werden können. In dem Moment, in dem das Potential vom Nichtpotential getrennt werden kann, verschwindet die „Verschmutzung“ der Daten durch die Nichtzielgruppe: die in der Regel sogar größer ist als das Potential selbst.

Die Daten werden also erst dann relevant, wenn die unterschiedlich großen Teilmärkte im Sinne eines Potentials abgegrenzt werden können. Und man sich die Daten für jede dieser Gruppen insgesamt bzw. für die in dieser Gruppe relevanten Marken betrachten kann. Daß die üblichen soziodemografischen Kriterien das Kaufverhalten nicht ausreichend sicher prognostizieren können, ist eine bekannte Tatsache.

Wie bereits ausführlicher oben beschrieben: Mediaplanung hat doch genau deshalb alle die Hilfskriterien von AWA, TdWI und VA neben der guten alten Soziodemografie „Hausfrauen, zwischen zwanzig und vierzig, mit leicht erhöhtem Einkommen" eingeführt, weil man bisher keine bessere Lösung für eine gezieltere Planung zur Verfügung hatte.

Wir werden sehen, was die Zukunft bringt. Wir vertrauen völlig auf die Marktkräfte. Auf Survival of the fittest!

Was aus meiner Sicht noch wichtiger ist:

BRAINCLUSTER FÜHRT ZUR INHALTLICHEN DIFFERENZIERUNG VON GESAMTMÄRKTEN IN TEILMÄRKTE:

Ein Beispiel: Manche Brillenträger haben den Eindruck, daß sie eine Prothese auf der Nase tragen. Etwa vergleichbar mit den dritten Zähnen. Ihre Wahrnehmung und Deutung geht davon aus, daß damit für die gesamte Umwelt ein körperlicher, häufig sogar altersbedingter Mangel sichtbar wird. Eine solche Person wird nach völlig anderen Produkten und Argumenten suchen wie jemand, der in der Brille eine Möglichkeit sieht, seinen eigenständigen Charakter über ein zusätzliches Accessoire zum Ausdruck zu bringen und weiter zu verstärken.

Beide Verbrauchergruppen haben ein völlig unterschiedliches Weltbild und suchen verschiedene Lösungen und Ansprachen.

Die Konsequenz im Marketingalltag wird vermutlich sein, daß man zum Beispiel in Haushaltspanels, Werbemonitoren und Trackingstudien diese völlig unterschiedlichen Gruppen nicht mehr in eine Gesamt-Warengruppe zusammenwirft, sondern sie als voneinander weitgehend unabhängige Teilmärkte führt und verfolgt.

BESSERE WIRKUNGSFORSCHUNG DURCH REDUKTION DER DATENVERSCHMUTZUNG

Die Entwicklung der BrainCluster kann auch erhebliche Auswirkungen auf Wirkungs-Messungen wie zum Beispiel Werbemonitor, Haushaltspanel, Tracking oder Media-Analysen haben.

BEISPIEL HAUSHALTPANEL

Gelingt es zum Beispiel die Haushaltspanel-Daten nach BrainCluster-Teilmärkten zu ordnen, so wird statt Erfassung der repräsentativen Masse, jetzt die Käuferreichweite und Usage der Marken in den einzelnen Teilmärkten sichtbar.

Der Vorteil liegt auf der Hand: Statt einen niedrigen Gesamtwert für die Gesamtmasse, der sich aus Potential und Nichtpotential zusammensetzt, kann nun die Gruppe abgegrenzt werden, die als echtes Potential überhaupt nur in Frage kommt. Gleichzeitig werden die Marken innerhalb des Teilmarktes sichtbar, die in wirklicher Konkurrenz miteinander stehen. Die Verschmutzung von Informationen von nichtrelevanten Konsumenten innerhalb der echten Zielgruppe ist gelöst.

Die Daten gewinnen erheblich an Aussagekraft. So wird zum ersten Mal prüfbar, in welchem Maße die Marke tatsächlich eine dominante Marktstellung in „ihrem“ Cluster erreicht hat und wie dicht ihr die Wettbewerber auf den Fersen sind, bzw. ob es gelungen ist, einen so erheblichen Abstand zur nächststarken Marke aufzubauen, daß man von einem eigenständigen, uniquen MarkenMonopol sprechen kann.

BEISPIEL: WERBEMONITOR

Immer geht es um die gleiche Grundstruktur: Während bisher nur Ergebnisse der Gesamtstichprobe interpretiert werden mußten, kann man jetzt prüfen, ob und inwieweit die Zielgruppe bzw. das Zielgruppen-Cluster penetriert worden ist.

Wurde tatsächlich im Schwerpunkt die gewünschte Zielgruppe erreicht? Wie groß ist die Streuung über die anderen Teilmärkte? Wird der Slogan und das Key Visual erinnert? Ist die Kommunikation der direkten Wettbewerber effektiver?

BEISPIEL: TRACKINGANALYSEN

Eigentlich kann ein Markenartikler, wie zum Beispiel Levi´s nur an Trackingdaten innerhalb seiner Zielgruppe interessiert sein. Was nutzt ihm eine richtig gemessene Zahl innerhalb einer repräsentativen Masse, wenn er die echte Potentialgrößen gar nicht kennt und nicht abgrenzen kann.

Oft genug kommt es vor, daß eine ursprünglich mit einem spitzen Konzept auf eine Zielgruppe positionierte Marke zunächst erheblich Bekanntheit und Käuferreichweite dazu addiert, weil das Konzept demokratisiert und die angrenzenden Randgruppen penetriert.

Für Levi´s ergab sich daraus eine tödliche Gefahr: Denn ursprünglich als Anti-Establishment-Produkt positioniert wirkte das Interesse bei den älteren, etablierten Verbrauchergruppen dermaßen kontraproduktiv, daß die Marke für immer mehr pubertierende Jugendliche keine akzeptable Markenheimat mehr versprach.

Die Gesamtzahlen stiegen. Alles schien gut. Aber leider im falschen Zielgruppenpotential. Eine Entwicklung, die der Marke das Genick brechen könnte.

MEDIAANALYSEN.

Die Abgrenzung von primären Zielgruppen für bestimmte Warengruppen und deren Mediaverhalten läßt sich nach Medienkategorien und sogar nach einzelnen Titeln und Sendern sauber auseinanderziehen. Dadurch werden echte Wettbewerbssituationen innerhalb der Medien sichtbar und die Effektivität von Werbung im Einsatz erheblich besser steuerbar. Die Zielgruppe wird mit weniger Fehlstreuung erreicht.

SYSTEMATISCHE PRÜFUNG UND OPTIMIERUNG DER TEILMARKT-BESETZUNGEN

Mit dem gelernten Hintergrund-Verständnis ist man nun in der Lage, systematisch zu prüfen, ob und inwieweit die möglichen Teilmarktfelder bisher von bestehenden Marken besetzt worden sind. Und wie eine optimalere Besetzung oder gar Neubesetzung grundsätzlich ausgerichtet werden muß.

Einer der erheblichen Vorteile dieser Vorgehensweise liegt darin, daß Marketing indirekt gezwungen wird, die Angebote immer als Lösung für die Problem-Needs-Struktur der Zielgruppe zu begreifen: Also weg von der faktischen Produktebene, hin zur emotionalen Nutzenebene zu wechseln.

Es ist vorhersagbar, daß die Firma in einem erheblichen Wettbewerbsvorteil ist, der es gelingt möglichst rasch in den relevanten Teilmärkten eine dominierende Angebotsposition in der Wahrnehmung der Zielgruppe (Mindshare) aufzubauen.

Auch wenn es mit hoher Wahrscheinlichkeit möglich ist, erheblich feiner differenzierte Teilmarktmodelle zu entwickeln, wird die notwendige Potentialgröße vermutlich die Besetzung einer Kategorie mit sechs Basis-Positionierungen als in der Regel ausreichend erscheinen lassen.

Wenn der Denkansatz also insgesamt überwiegend richtig ist, wird es in den nächsten zehn Jahren zu einem Besetzungskampf der Teilmärkte durch die zukünftigen „Weltmarken“ kommen.

Das bedeutet: Zeit ist ein zunehmend wichtiger Marketingfaktor.

XIII. TEIL:

KONSEQUENZEN:

ZUSAMMENFASSENDE BESCHREIBUNG

13.

KONSEQUENZEN: ZUSAMMENFASSENDE BESCHREIBUNG

So, was ist also nun zusammenfassend gesehen das besondere an diesem Ansatz? Der zentrale Punkt liegt wohl in der Abwendung von den konkreten Produktkategorien.

Durch die Suche nach den hinter den Produkten liegenden Bedürfnissen waren wir auf das Markt-Wirkungs-Modell und damit auf den MarkenMonopol-Ansatz gekommen. Die anschließende Frage und Suche nach den Dimensionen, was denn nun aber die Needs-Struktur wiederum bestimmt, zwang uns, uns von den Marken und Produktkategorien zu lösen und eine übergeordnete Struktur zu suchen: Ordnungskriterien, die das Leben insgesamt ordnen.

Kriterien, die Verhalten und damit auch Konsumverhalten ganzheitlich in einen Rahmen stellen, der in den unterschiedlichen Aspekten des Lebens (mit Schwerpunkt des Konsumlebens aus unserer Sicht) erklären kann. Und damit Verhalten in viel stärkerem Maße in den unterschiedlichsten Bereichen als bisher prognostizierbar macht.

Die enorme Vereinfachung, die Bedürfnisse auf die drei Verhaltens-Grunddimensionen Food, Sex und Power zurückzuführen, zwingt uns jedes Verhalten auf seinen Beitrag für das Überleben des individuellen Konsumenten und damit seine Art zurückzuführen.

Vielleicht läßt sich die Lösung mit den folgenden Analogien besonders anschaulich erklären:

MarkenMonopole mit ihrer konkreten kategorieverhafteten Denkweise erfüllen die Aufgabe wie die durch Mendel entdeckte Möglichkeit der Einflußnahme durch Zucht auf besonders wünschenswerte Produkteigenschaften. Sie erinnern sich, Mendel konnte anhand von Meerschweinchen und Bohnen nachweisen, daß man durch Auswahl und systematische Kreuzung erheblichen Einfluß auf das Zuchtergebnis nehmen kann.

Man kann die besonders gewünschte Zielsetzung durch Focussierung auf einige, wenige Aspekte so deutlich verstärken, daß wir bei Hunden Rassen mit klassischen Markenmerkmalen innerhalb der Kategorie herstellen können: Schäferhunde, Jagdhunde für großes Wild und kleine für den Fuchsbau, Kampfhunde, Schoßhunde, etc. Genau genommen eine Markenstrategie, um durch optimale Besetzung von unterschiedlichen Teilmärkten in jedem dieser Segmente ein MarkenMonopol herzustellen.

BrainCluster hat den dahinter liegenden zweck-ursächlichen Zusammenhang aufgeklärt. Etwa vergleichbar der Entdeckungen wie sie Charles Darwin für die Entwicklung der Arten durch die Optimierung der Gene in der Evolution geschrieben haben. Und Richard Dawkins und Susan Blackmore, die durch die Entdeckung von der Imitation von Informationen (Meme) als erste begriffen haben, daß damit ein zweiter, völlig unabhängiger, Replikator existiert, der auf Informationsbasis vergleichbar den Genen auf der körperlichen Basis die Evolution antreibt.

Die wechselseitige Verknüpfung von faktischen und nichtfaktischen (emotionalen) Dimensionen machte ja offensichtlich die Erklärung von Verhalten so schwer nachvollziehbar. Das körperliche, über Gene gesteuerte Grundprogamm von Verhalten wird durch die extrem langsame Veränderung der DNS wohl noch für lange Zeit die Grundlage für viele Verhaltensweisen bilden.

Der enorme Umbruch durch neue, immer schnellere Medien und sein Einfluß auf Kultur, Wertesysteme, Religion und Trends wird sich aber durch den selbstverstärkenden Prozeß durch die „Meme“ in kurzer Zeit zu einem alles entscheidenden Merkmal bei der Ästhetisierung von Produkten herausbilden.

So gesehen ist BrainCluster durch seine alle Bereiche einer Marke umfassenden Zusammenhänge wohl der Ansatz, der am ehesten den Anspruch „integriertes, ganzheitliches Marketing“ verdient. Im Prinzip bietet BrainCluster ein einfaches, übergeordnetes Orientierungssystem in einer immer komplexer werdenden Welt.

DIE VORTEILE VOM BRAINCLUSTER-ANSATZ

Wahrscheinlich führt eine sozio-biologische Grundstruktur des Gehirns dazu, daß sich sechs heterogene „Typen“ gruppiert haben, die innerhalb einer Teilgruppe ein überraschend homogenes ähnliches Verhalten zeigen.

Mit nur sechs Teilgruppen läßt sich überraschend viel Verwendungs-Verhalten sowie die dahinter stehenden Zielgruppen-Potentiale mit relativ hoher Wahrscheinlichkeit richtig prognostizieren und beschreiben.

Unter Verwendungs-Verhalten ist die Bevorzugung bzw. Wahl von Produktgruppen, Sortimenten, Marken, Einkaufsstätten, Mediengruppen-Nutzung, Sendeformate und Zeitschriftenthemen, Sender und Illustriertentitel, etc. zu verstehen.

Die Zielgruppen-Potentiale lassen sich psychologisch, im Sinne von sozio-demographischen Merkmalen sowie nach sozio-kulturellen, ästhetischen Bevorzugungen beschreiben.

DIE KONSEQUENZ FÜR DAS MARKETING

Mit nur sechs Clustern läßt sich ein wesentlicher Teil des menschlichen Verhaltens, also auch des Verbraucher-Verhaltens aufklären. Oder um den Ansatz auf den Kopf zu stellen: Mit sechs Grund-Positionierungen müßten sich im Marketing die wesentlichsten Zielgruppen-Potentiale besetzen lassen. Was nicht zwingend bedeutet, daß in jeder Warengruppe alle sechs Teilmärkte wirtschaftlich bedient werden können.

Die Konsequenz für das Marketing ist atemberaubend: Zu Ende gedacht bedeutet es, daß jede Produktkategorie in einem BrainCluster eine „Heimat“ hat, also deutlich überproportional bevorzugt wird. Und daß es in jedem Markt Potential für sechs Basis-Positionierungen gibt! Damit existiert zum ersten Mal eine übergeordnete Hypothese für die Konzeptsuche von Positionings!

Es wird also zu einem grandiosen Wettrennen kommen: Wer besetzt als erster in jedem Teilmarkt die „Mind-Share“ im Kopf. Es wird ein Wettrennen um den Sieg in jedem Teilmarkt: Marktführerschaft. MarkenMonopole!

IST BRAINCLUSTER EHER MANIPULATION ODER HILFE?

Bei vielen Verbrauchern besteht ein gesundes Mißtrauen gegenüber der scheinbar allgewaltigen Markenartikel-Industrie. Dahinter steht sicherlich eine gehörige Portion Informationsmangel. Und sicherlich auch eine ganze Reihe von Fehlinformationen, die zum Teil schon zehn, zwanzig, dreißig Jahre alt sind.

Scheinbar unausrottbar scheint Vance Packard mit seinem Buch „Die geheimen Verführer" durch die Köpfe zu geistern, wonach es den Markenartiklern gelingt den Konsumenten in eine Art Trance zu versetzen, so daß er immerzu Waren kauft, die er eigentlich gar nicht braucht.

Und dann soll es noch die für den Verbraucher unsichtbar in Filmsequenzen versteckte Botschaft geben, die dem Unterbewußten mitteilen, daß Durst angesagt ist und nur noch durch den zwanghaften Gang zum Kühlschrank und angeblich nur durch das Trinken einer bestimmten Marke befriedigt werden kann.

Die „Schöne Neue Welt" läßt grüßen. Wahrlich ein Alptraum. Wenn es denn so wäre! Ist es aber nicht. Denn wer mag sich schon gerne als hilflose Konsum-Marionette der Konsumindustrie degradiert sehen?

Die Realität sieht anders aus: Nicht nur aufgrund der gesetzlichen Grundlagen, sondern weil die Unternehmen im Wettbewerb stehen. Und an die Weltverschwörung der Markenartikel-Industrie kann ich nicht glauben. Warum nicht?

Bis heute haben wir eine Floprate von achtzig bis neunzig Prozent bei Einführungen und Relaunches von Marken. Gemessen an dem Erfolg: Weniger als 50% des Planumsatzes innerhalb der ersten 30 Monate. Eigentlich ein lausiges Ergebnis, wenn man weiß, was für ein Aufwand an Produktentwicklung, Packungsgestaltung, Werbeentwicklung, in Marketing- und Vertrieb einer solchen Aktivität vorausgeht.

Alles deutet darauf hin, daß Marketing bis heute keine Wissenschaft ist, sondern per Trial & Error versucht mit dem Markt, also dem Verbraucher zurecht zu kommen. Und weil irgend jemand ja diesen ganzen Aufwand zu verantworten hat, läßt man seinen Flop möglichst stillschweigend irgendwann passiv auslaufen und über den Mißerfolg Gras wachsen. Nur der Erfolg hat viele Väter, der Mißerfolg ist ein Waisenknabe.

Nein, meine Sicht des Marketing ist einfach. Ja, ich bin für den sechsundachtzigsten Joghurt, auch wenn es vielen ökologisch angehauchten Mitbürgern ein Dorn im Auge ist. Denn jeder neue Versuch steigert den Wettbewerb und der Verbraucher wird schon innerhalb kurzer Zeit klären, ob für das neue Angebot ein Markt da war oder nicht.

Marketing ist eben nicht ein Krieg der Marken, sondern die Frage: Wer bietet einem ausreichend großen Verbrauchersegment das beste erreichbare Angebot auf dem Markt. Der Konsument kauft nicht nur, er wählt.

So gesehen kann Marketing nicht die Ausbeutung des Verbrauchers sein, sondern eine Frage der besseren Anpassung an die Wünsche und Bedürfnisse des Konsumenten. Was kann uns besseres passieren, als die Wahlmöglichkeit zwischen möglichst vielen guten Alternativen zur Verfügung zu haben.

Uns kann es nur recht sein, wenn die Anbieter endlich durchblicken, was wir als Kunde wirklich wollen. Unsere Wünsche und Bedürfnisse kennen. So gut kennen, daß sie für uns Angebote entwickeln und in einer Art und Weise sprechen, daß wir unseren Nutzen erkennen können. Daß sie mit uns über die Medien kommunizieren, mit denen sie uns möglichst effektiv erreichen können. Sie sollen wissen, in welchen Einkaufsstätten wir nach den Angeboten suchen. Damit sie das Angebot so preisgünstig wie nur möglich herstellen und anbieten können, mit dem wir uns gut und zufrieden fühlen.

Und daß die Hersteller an mir Geld verdienen? Ist mir recht! Selbstverständlich. Welche Motivation sonst sollte jemand haben, mir meine gewünschten Angebote zu entwickeln? Insofern halte ich es mit den Amerikanern: Solange ausreichend Wettbewerb besteht, werden die Konkurrenten schon untereinander dafür sorgen, daß ich nicht zu viel zahle.

Warum die Markenartikler gern an mir verdienen sollen? Jeder Kauf ist ein Tausch. Mehr als eine Gleichung: Geld gegen Ware. Denn ich werde mein sauer verdientes Geld nur gegen die Ware tauschen, wenn mir die Ware MEHR WERT ist als das Geld. Nur dann habe ich einen guten Kauf gemacht und bin zufrieden!

BRAINCLUSTER NUR EINE ZUSÄTZLICHE IDEOLOGIE?

Was ist also BrainCluster? Eine neue, zusätzliche Ideologie? Eine

Schule? Ein neues, anderes Ordnungssystem? So wie es in den sechziger Jahren die Lifestyles von Leo Burnett gab. Oder später Sinus. Oder die Euro-Styles?

Vermutlich wird diese Frage schnell dadurch beantwortet werden, ob BrainCluster so hilfreich ist, daß es sich in der täglichen Marketingarbeit einen festen Platz schaffen kann. Ob es zu einem Arbeitsinstrument wird, um Marketing wirksamer, erfolgreicher und damit wirtschaftlicher zu gestalten. Wird die Effektivität erkannt, wird die Wettbewerbs-Situation im Marketing schon dafür sorgen, daß man nicht ins Hintertreffen kommt.

Kann es überhaupt möglich sein, alle Verbraucher in nur drei oder sechs Gruppen einzuteilen. Einzuzwängen. Es ist wohl kaum eine Frage der Anzahl der Gruppen: Schon die Unterteilung nach Männer und Frauen kann eine sinnvolle Struktur sein. Lebensphasen, Blau- und Weiß-Kragenberufe helfen Gruppen sinnvoll abzugrenzen und gleichzeitig sich ein schnell vermittelbares Bild zu machen.

Es ist nur eine andere, zunächst einmal ungewohnte Struktur. Aber wenn Sie den Versuch machen und in den täglichen Alltags-Situationen zunächst aus Einfachheitsgründen die Dreierlösung von BainCluster anwenden, wird es Ihnen so gehen, wie dem Panzergeneral beim Frühlings-Spaziergang: Er kann gar nicht mehr anders, er sieht einfach immer in der schönen Landschaft ein Panzer-Aufmarsch-Gebiet. – Und ähnliches gilt, weniger militaristisch, auch für jeden leidenschaftlichen Golfspieler oder Biologen.

BrainCluster ist ein Hilfsmittel, um Marketing effektiver zu machen. Angebote präziser auf Verbraucher-Needs zuzuschneiden. Angebote besser anzupassen. Ein Angebot in der Marken-Präferenz auf den ersten Platz zu bringen und einen möglichst großen Abstand zum nächsten, folgenden Wettbewerber herzustellen.

BrainCluster ist ein weiterer Baustein, um dominante Marktführer in den einzelnen Teilmärkten zu entwickeln: Eben MarkenMonopole.

BRAINCLUSTER GIBT DEN MARKEN IHRE „FASZINATION, DIE MAGIE“ ZURÜCK.

Mit einer Ordnung des Marktes in diesem Sinne können wir also prüfen, ob wir wirklich alle Marketing-Mixteile schon auf die Bedürfnisse der jeweiligen Gruppe ausgerichtet haben.

Aber man kann natürlich BrainCluster noch viel weiter treiben.

Unterstellt man einfach als Hypothese den BrainCluster-Ansatz, dann bedeutet das auch, daß man sinnvollerweise prüft, ob überhaupt schon jeder der sechs möglichen Ansätze bisher mit einer dominanten Marke besetzt ist.

Denn bisher ist die Besetzung des Marktes häufig wohl eher zufällig, nach Trial & Error erfolgt. Jetzt ergibt sich zum ersten Mal die Möglichkeit, Märkte systematisch im Sinne einer Zielsetzung auf „Vollständigkeit" abzutasten. Mag sein, daß es nicht in jeder Warengruppe lohnt, sechs Angebote im Markt zu plazieren. Aber vielleicht sind drei Grundangebote ein besserer Ansatz. Noch nie vorher gab es eine so stringent logische Hypothese als Hilfe zur Konzeptsuche.

Was werden die Konsequenzen sein: Die schnellen Firmen werden den Denkansatz aufgreifen und ihn in der Praxis überprüfen. Welche Marke ordnet sich wo ein. Was sind ihre direkten Wettbewerber. Wie treten die Marken im Marketingmix auf. Und wo gibt es mögliche Brüche aus Sicht der BrainCluster-Zielgruppen.

Man wird Alternativen in der Kommunikation ausprobieren und gegen das bisherige testen. Hoffentlich mit den richtigen Versuchspersonen. Und hoffentlich mit den richtigen Fragestellungen. Marken werden besser auf ihre Zielgruppen ausgerichtet werden. Die Unterschiede zwischen den einzelnen BrainCluster-Teilmärkten werden größer werden. Und die Konkurrenz innerhalb der einzelnen Cluster kurzfristig ansteigen. Und werden einzelne Marken, die es wirklich verstanden haben, schneller wachsen: Die Verbraucher-Zufriedenheit mit diesen Marken wird steigen. Der Markenwechsel wird sinken, Markentreue steigen.

Es wird, vereinfacht ausgedrückt, darum gehen, wer besetzt in jeder Kategorie als erster den Mind-Share seiner Verbraucher im Teilmarkt: Die Marken werden profilierter, MarkenMonopole entstehen.

XIV. TEIL:

IHR KONKRETER, SCHNELLER NUTZEN AUS DEM BRAINCLUSTER-ANSATZ

14.

IHR KONKRETER, SCHNELLER NUTZEN AUS DEM BRAINCLUSTER-ANSATZ!

Wissen ist Macht! Aber Wissen ist nur hilfreich, wenn man es schnell in die konkreten Alltagsroutinen einbauen kann. Wie also können Sie ab sofort Ihr Wissen über BrainCluster in Ihre tägliche Marketingpraxis einbauen? Hier sind einige Fragen und Vorschläge, die Ihnen ab morgen helfen können, erfolgreicher zu agieren. – Vorausgesetzt daß Sie diese zuverlässig durch vorliegende oder zukünftige Studien beantworten.

1. WARENGRUPPEN UND MARKEN

Gibt es eine Dominanz meiner Warengruppe in einer BrainCluster-Gruppe?

- Und in welcher dieser Gruppen liegt vermutlich der Schwerpunkt des Umsatzes meiner Marke? Bin ich in einer dominanten Marktposition in meiner Gruppe?

- Welche Wettbewerbsmarken sind vermutlich vor diesem Hintergrund meine direkten Wettbewerber? Was sind die Stärken und Schwächen meiner Marke?

- Habe ich, vergleichbar wie Nivea oder AXE einen übergeordneten Verbrauchernutzen wie „niemals als ungepflegt auffallen“ oder „Attraktivitäts-Gewinn beim anderen Geschlecht“ besetzt?

- Was sind die emotionalen Ursachen und Gründe der Verwendung der Warengruppe und der Markenpräferenzen. Wie sieht das gewünschte Verwender-Image für meine Marke aus?

2. SORTIMENTE, LINE EXTENSION UND VARIETIES

Habe ich einen eindeutigen Sortiments-Schwerpunkt durch ein konkretes Angebot, anhand dessen ich meine Kernkompetenz besonders augenfällig beweisen kann?

- Leisten bestehende oder geplante Line extensions einen echten Beitrag zur Verstärkung der Kernkompetenz meiner Marke?
- Wie kann man weitere Angebote entsprechend modifizieren oder umdeuten, so daß diese stimmig die Kernkompetenz weiter verstärken?

3. ZIELGRUPPEN-BESCHREIBUNGEN UND POTENTIALE

Wie läßt sich das übergeordnete emotionale Bedürfnisprofil meiner typischen Zielgruppe möglichst plastisch und bildhaft beschreiben?

- Ist das Verwendungsverhalten und die Markenwahl durch meßbare Kriterien prognostizierbar? Kann man aus dem Gesamtmarkt zukünftiges Potential herausfiltern?
- Kann sich Produkt-Management, Werbeagentur und Packungsdesigner die typischen Verwenderzielgruppen bildhaft vorstellen? Würden diese Anwender für ein Modell-Casting die vergleichbare Person auswählen und dies aufgrund der gleichen Auswahlkriterien?

4. KONZEPTE, KOMMUNIKATIONS-INHALTE UND TONALITIES

Sind die Konzepte trennenden Dimensionen und deren Gewichtung zueinander bekannt und meßbar gemacht worden?

- Gibt es eine einheitliche Vorstellung der Ursache-Wirkungs-Kette gewünschten Endbenefits? Ist man sich darüber im klaren, welche Produkteigenschaften und Benefits eindeutig kontraproduktiv wären?

- Entspricht die Tonalitiy der emotinalen Umsetzungen von Packungsdesign und Werbung den BrainCluster-Gruppen? Oder wird diese stark durch den Selbstverwirklichungs-Anspruch der „Macher“ bestimmt?

5. INFORMATIONEN UND MARKTFORSCHUNGS-ERGEBNISSE

Verfügen Sie über klare Zuordnungen der BrainCluster aus den Kontrolldaten von Haushaltspanel, Werbemonitor, Tracking, Konzept- und Werbewirkungs-Tests, etc. oder müssen Sie sich mit Gesamtdurchschnittswerten begnügen?

- Haben Sie Filterfragen zur Wiederauffindung ihrer Zielgruppenpotentiale, damit Sie bei Folgestudien sicher sind, auch die relevanten Versuchspersonen zu befragen?

- Haben Sie bereits eine Vorstellung, wie dominant Sie in Ihrem Kerncluster sind bzw. in welchem Maße Sie in angrenzende Teilmärkte fehlstreuen?

- Wissen Sie die Ursachen-Dimensionen, die markentreue Hauptmarken-Verwender von Nebenmarken-Verwendern unterscheiden?

6. MEDIA-SELEKTION UND PLAZIERUNG

Wissen Sie, welche Medien wie TV, Print, Radio oder Plakat Ihre relevante BrainCluster-Gruppe überdurchschnittlich nutzt?

- Benutzen Sie BrainCluster zur Optimierung Ihrer Sender- und Titelauswahl und vermeiden Sie so die extrem teuere Fehlstreuung Ihres Mediabudgets?

- Wissen Sie innerhalb welcher redaktionellen Themen bzw. bei welchen Sendeformaten Ihre Markenwerbung die höchste Effektivität erreicht?

- Können Sie sich vorstellen, daß man durch präzisere Media-Selektion und Plazierung die Werbewirkung in vielen Fällen sogar verdoppeln kann? Was häufig den Gegenwert von mehreren Millionen Massmedia-Budget bedeutet!

7. KATEGORIE-MANAGEMENT, REGALPLAZIERUNGEN UND OPTIMALE PREISSTELLUNGEN.

Wissen Sie, in wie viele Teilmärkte Ihre Produktkategorie zerfällt, also wie viele Konzepte mit ausreichenden Potential in Ihrer Warengruppe bestehen?

- Kennen Sie die sinnvollste Gruppierung der Marken im Sinne eines Marken-Relevant-Sets, um aus Verbrauchersicht ein strukturiertes Sortiment anzubieten?

- Kennen Sie die psychologischen Preisschwellen und Preis-Reizschwellen, um bei Price-off-Zweitplazierung ausreichend abzupreisen aber nicht unnötig Geld zu verschenken?

In mehr als fünfzehn Jahren pragmatischer Arbeit für viele große Markenartikler wurden die Werkzeuge geschaffen und immer wieder verbessert, um durch eine systematische Vorgehensweise die Bereiche anzupacken, welche die größte Hebelwirkung versprechen. Vergleichbar einem „Rezept" für die Forschung, die zwingend zu überdurchschnittlichen Markterfolgen führen. Sie brauchen keine weiteren Vorkenntnisse, denn auf Wunsch begleiten wir Sie, bis Ihr Erfolg im Markt sichtbar wird.

QUELLENVERZEICHNIS UND INTERESSANTE BÜCHER IM ERWEITERTEN ZUSAMMENHANG

David A. Aaker	Managing Brand Equity
Karl Albrecht	The only Thing that Matters
Karl Albrecht	Service America
David Barash	Das Flüstern in uns
David P. Barash	Soziobiologie und Verhalten
Gary S. Becker	Ökonomische Erklärungen menschlichen Verhaltens
Harry Beckwith	Selling the invisible
John Berrigan	Segmentation Marketing
Georg Bierbaum	Happy Selling
Vera Birkenbihl	Stroh im Kopf
Gustave de Bon	Psychologie der Massen
Klaus Brandmeyer	Unterwegs in Sachen Marke
Richard Branson	How to get ahead in Business
Carsten Bresch	Zwischenstufe Leben
David Buss	Evolutions des Begehrens
Robert D. Buzzell	The Pims Principles
William H. Calvin	Die Symphonie des Denkens: Wie Bewußtsein entsteht
James Clavell	Sunzi – Die Kunst des Krieges
James C. Collins	Built To Last
Werner Correll	Lernpsychologie
Werner Correll	Motivation und Überzeugung in Führung und Verkauf
Mihaly Csikszentmihalyi	Flow – Das Geheimnis des Glücks
Rüdiger Dahlke	Die Psychologie des Blauen Dunstes
Hugh Davidson	Offensive Marketing
Richard Dawkins	The Blind Watchmaker
Richard Dawkins	The Selfish Gene
Alexander Demuth	Unternehmenswerbung
Wolfgang K.A. Disch	Wundersame Welt der Markenartikel
Hoimar von Ditfurth	Evolution des Bewußtseins
Hoimar von Ditfurth	Zusammenhänge
Peter Ditko	In Bildern reden
Hans Domizlaff	Die Gewinnung des öffentlichen Vertrauens
Klaus Doppler	Change Management
Helga Drummond	Machtspiele für kleine Teufel

Richard Edler	If I Knew then what I know now
Pride Ferrell	Marketing
Bob Fifer	Was zählt, ist der Gewinn
Michael Frese	Erfolgreiche Gründerpersönlichkeiten
Howard Luck Gossage	Ist die Werbung noch zu retten?
John Gray	Männer sind anders
Eva Heller	Wie Werbung wirkt: Theorien und Tatsachen
Michael Hutchison	Megabrain, Geist und Maschine
John Philip Jones	What's in a name? The Concept of Brands
Hedwig Kellner	Die Posträuber Methode
Richard Koch	Das 80:20 Prinzip
Helmut Krusche	Frosch auf der Butter
Jay Conrad Levinson	Guerilla Marketing
Jay Conrad Levinson	Guerilla Werbung
Max Lüscher	Der 4-Farben-Mensch
Stephen R. Maloney	Talk your Way to the Top
Helmut Maucher	Marketing ist Chefsache
Anneliese Mayer	Imagetransfer
Anne Moir	Brainsex
David Ogilvy	Über Werbung
Robert Ornstein	Multimind
James O. Peckham	The Wheel of Marketing
Neil Postmann	Wir amüsieren uns zu Tode
Ayn Rand	Capitalism: The Unknown Ideal
Stan Rapp	The Great Marketing Turnaround
Stan Rapp	MaxiMarketing
Stan Rapp	Beyond MaxiMarketing
Al Ries	Focus –
Al Ries	22 Regeln des Marketing
Al Ries	22 Regeln des Brandings
Randall Rothenberg	Where the Suckers Moon
Peter Russell	The Brain Book
Gerhard Schulze	Die Erlebnis-Gesellschaft
Peter Scott-Morgan	The unwritten Rules of the game
Jaques Séguéla	Hollywood wäscht weißer
Terri Sjodin	Sales Speak
Quin Spitzer	Denken macht den Unterschied
Michael Treacy	Dicipline of Market Leaders
Frederic Vester	Denken, Lernen, Vergessen
Lyall Watson	Der unbewußte Mensch

Paul Watzlawick	Wie wirklich ist die Wirklichkeit
Paul Watzlawick	Die Erfundene Wirklichkeit
Jack Welch	Business is simple
Hans Georg Wunderlich	Die Steinzeit ist noch nicht zu Ende